I PROMESSI SPOSI

O

I PROMESSI SPOSI

DI

ALESSANDRO MANZONI

*Adapted for English Schools
With Grammatical and Explanatory
Notes and an Italian-English
Vocabulary*

BY

Rev. A. C. CLAPIN, M.A.

ST. JOHN'S COLLEGE, CAMBRIDGE
AND BACHELIER-ÈS-LETTRES OF THE
UNIVERSITY OF FRANCE

LIBRAIRIE HACHETTE ET CIE.
LONDON : 18 KING WILLIAM ST., CHARING CROSS
PARIS : BOULEVARD SAINT-GERMAIN 79
BOSTON : CARL SCHOENHOF
1892

TO

MADAME KLEINAU

IN GRATEFUL ACKNOWLEDGMENT

OF HER ZEALOUS ENDEAVOURS TO

ENCOURAGE AND FACILITATE THE STUDY OF

THE ITALIAN LANGUAGE

IN OUR ENGLISH SCHOOLS

THIS SCHOOL EDITION OF MANZONI'S 'BETROTHED'

IS RESPECTFULLY DEDICATED BY

THE ANNOTATOR

A. C. CLAPIN.

SHERBORNE, DORSET.

PREFACE

THIS School Edition of Manzoni's *chef-d'œuvre* does not give the complete story of 'The Betrothed' up to the point of their marriage, but describes all that befell them up to the time of their flight from their persecutor, and so ends at a point where the reader may leave them without any anticipation of fresh troubles awaiting them. The story is thus far complete in itself, and contains the most amusing as well as the most thrilling portions of the whole novel. This eminently popular work, which is too long for ordinary school purposes, has, in this manner, been reduced to suitable dimensions, and it is hoped that in its present shape, and with the notes appended to the text, it will be welcome as

a valuable addition to the Italian school-
books now in use in England.

A Vocabulary has been added, which contains all the words that a beginner would
have to look out in a dictionary, but not
those which are identical or nearly identical
in English and Italian.

I PROMESSI SPOSI

I

QUEL ramo del lago di Como, che volge a mezzo-giorno, tra due catene non interrotte di monti, tutto a seni e a golfi, a seconda dello sporgere e del rientrare di quelli, vien, quasi a un tratto, a ristringersi, e a prender corso e figura di fiume, tra un promontorio 5 a destra, e un'ampia costiera dall'altra parte; e il ponte, che ivi congiunge le due rive, par che renda ancor più sensibile all'occhio questa trasformazione, e segni il punto in cui il lago cessa, e l'Adda rin-comincia, per ripigliar poi nome di lago dove le rive, 10 allontanandosi di nuovo, lascian l'acqua distendersi e rallentarsi in nuovi golfi e in nuovi seni. La costiera, formata dal deposito di tre grossi torrenti, scende appoggiata a due monti contigui, l'uno detto di san Martino, l'altro, con voce lombarda, il *Resegone*, dai 15 molti suoi cocuzzoli in fila, che in vero lo fanno somigliare a una sega : talchè non è chi, al primo vederlo, purchè sia di fronte, come per esempio di su le mura di Milano che guardano a settentrione, non lo discerna tosto, a un tal contrassegno, in quella 20 lunga e vasta giogaia, dagli altri monti di nome più oscuro e di forma più comune. Per un buon pezzo, la costa sale con un pendìo lento e continuo; poi si rompe in poggi e in valloncelli, in erte e in ispianate, secondo l'ossatura de'due monti, e il lavoro dell'acque. 25

A

Il lembo estremo, tagliato dalle foci de' torrenti, è quasi tutto ghiaia e ciottoloni; il resto, campi e vigne, sparse di terre, di ville, di casali; in qualche parte boschi, che si prolungano su per la montagna.

5 Lecco, la principale di quelle terre, e che dà nome al territorio, giace poco discosto dal ponte, alla riva del lago, anzi viene in parte a trovarsi nel lago stesso, quando questo ingrossa: un gran borgo al giorno d'oggi, e che s'incammina a diventar città. Ai tempi 10 in cui accaddero i fatti che prendiamo a raccontare, quel borgo, già considerabile, era anche un castello, e aveva perciò l'onore d'alloggiare un comandante, e il vantaggio di possidere una stabile guarnigione di soldati spagnoli, che sul finir dell'estate, non man- 15 cavan mai di spandersi nelle vigne, per diradar l'uve e alleggerire a' contadini le fatiche della vendemmia. Dall'una all'altra di quelle terre, dall'alture alla riva, da un poggio all'altro, correvano, e corrono tuttavia, strade e stradette più o men ripide, o piane; ogni 20 tanto affondate, sepolte tra due muri, donde, alzando lo sguardo, non iscoprite che un pezzo di cielo e qualche vetta di monte; ogni tanto elevate su ter- rapieni aperti: e da qui la vista spazia per prospetti più o meno estesi, ma ricchi sempre e sempre qualcosa 25 nuovi, secondo che i diversi punti piglian più o meno della vasta scena circostante, e secondo che questa o quella parte campeggia o si scorcia, spunta o sparisce a vicenda. Dove un pezzo, dove un altro, dove una lunga distesa di quel vasto e variato specchio dell' 30 acqua; di qua lago, chiuso all'estremità o piuttosto smarrito in un gruppo, in un andirivieni di montagne, e di mano in mano più allargato tra altri monti che si spiegano, a uno a uno, allo sguardo, e che l'acqua riflette capovolti, co' paesetti posti sulle rive; di là 35 braccio di fiume, poi lago, poi fiume ancora, che va a perdersi in lucido serpeggiamento pur tra' monti che

l'accompagnano, degradando via via, e perdendosi
quasi anch' essi nell' orizzonte. Il luogo stesso da dove
contemplate que' vari spettacoli, vi fa spettacolo da
ogni parte : il monte di cui passeggiate le falde, vi
svolge, al di sopra, d'intorno, le sue cime e le balze, 5
distinte, rilevate, mutabili quasi a ogni passo, apren-
dosi e contornandosi in gioghi ciò che v' era sembrato
prima un sol giogo, e comparendo in vetta ciò che
poco innanzi vi si rappresentava sulla costa : e
l' ameno, il domestico di quelle falde tempera grade- 10
volmente il selvaggio, e orna vie più il magnifico
dell' altre vedute.

Per una di queste stradicciole, tornava bel bello
dalla passeggiata verso casa, sulla sera del giorno
7 novembre dell' anno 1628, don Abbondio, curato 15
d'una delle terre accennate di sopra. Diceva tranquillamente il suo ufizio, e talvolta, tra un salmo e
l' altro, chiudeva il breviario, tenendovi dentro, per
segno, l' indice della mano destra, e, messa poi questa
nell' altra dietro la schiena, proseguiva il suo cammino, 20
guardando a terra, e buttando con un piede verso il
muro i ciottoli che facevano inciampo nel sentiero :
poi alzava il viso, e, girati oziosamente gli occhi
all' intorno, li fissava alla parte d'un monte, dove la
luce del sole già scomparso, scappando per i fessi del 25
monte opposto, si dipingeva qua e là sui massi
sporgenti, come a larghe e inuguali pezze di porpora.
Aperto poi di nuovo il breviario e recitato un altro
squarcio, giunse a una voltata della stradetta, dov' era
solito d' alzar sempre gli occhi dal libro, e di guardarsi 30
dinanzi : e così fece anche quel giorno. Dopo la
voltata, la strada correva diritta, forse un sessanta
passi, e poi si divideva in due viottole, a foggia d'un
ipsilon ; quella a destra saliva verso il monte, e
menava alla cura ; l' altra scendeva nella valle fino a 35
un torrente ; e da questa parte il muro non arrivava

che all' anche del passeggiero. I muri interni delle due
viottole, in vece di riunirsi ad angolo, terminavano
in un tabernacolo, sul quale eran dipinte certe figure
lunghe, serpeggianti, che finivano in punta, e che,
5 nell' intenzione dell' artista, e agli occhi degli abitanti
del vicinato, volevan dir fiamme ; e, alternate con le
fiamme, cert' altre figure da non potersi descrivere,
che volevan dire anime del purgatorio : anime e
fiamme a color di mattone, sur un fondo bigiognolo,
10 con qualche scalcinatura qua e là.

Il curato, voltata la stradetta, e dirizzando, com'
era solito, lo sguardo al tabernacolo, vide una cosa
che non s'aspettava, e che non avrebbe voluto vedere.

Due uomini stavano, l'uno dirimpetto all'altro, al
15 confluente, per dir così, delle due viottole: un di
costoro, a cavalcioni sul muricciolo basso, con una
gamba spenzolata al di fuori, e l'altro piede posato
sul terreno della strada; il compagno, in piedi,
appoggiato al muro, con le braccia incrociate sul
20 petto.

L'abito, il portamento, e quello che, dal luogo
ov'era giunto il curato, si poteva distinguer dell'
aspetto, non lasciavan dubbio intorno alla lor condizione. Avevano entrambi intorno al capo una
25 reticella verde, che cadeva sull'omero sinistro, terminata in una gran nappa, e dalla quale usciva sulla
fronte un enorme ciuffo : i due lunghi mustacchi
arricciati in punta : una cintura lucida di cuoio, e a
quella attaccate due pistole : un piccol corno ripieno
30 di polvere, cascante sul petto, come una collana : un
manico di coltellaccio che spuntava fuori d'un taschino degli ampi e gonfi calzoni, uno spadone, con
una gran guardia traforata a lamine d'ottone, con-
gegnate come in cifra, forbite e lucenti : a prima vista
35 si davano a conoscere per individui della specie de'
bravi.

Che questi due stessero ivi ad aspettar qualcheduno, era cosa troppo evidente; ma quel che più
dispiacque a Don Abbondio fu il dover accorgersi,
per certi atti, che l'aspettato era lui. Perchè, al
suo apparire, coloro s'eran guardati in viso, alzando 5
la testa, con un movimento dal quale si scorgeva che
tutt'e due a un tratto avevan detto: è lui; quello
che stava a cavalcioni s'era alzato, tirando la sua
gamba sulla strada; l'altro s'era staccato dal muro;
e tutt'e due gli s'avviavano incontro. Egli, tenendosi 10
sempre il breviario aperto dinanzi, come se leggesse,
spingeva lo sguardo in su, per ispiar le mosse di coloro;
e, vedendoseli venir proprio incontro, fu assalito a un
tratto da mille pensieri. Domandò subito in fretta
a sè stesso, se, tra i bravi e lui, ci fosse qualche uscita 15
di strada, a destra o a sinistra; e gli sovvenne subito
di no. Fece un rapido esame, se avesse peccato
contro qualche potente, contro qualche vendicativo;
ma, anche, in quel turbamento, il testimonio consolante della coscienza lo rassicurava alquanto: i bravi 20
però s'avvicinavano, guardandolo fisso. Mise l'indice
e il medio della mano sinistra nel collare, come per
raccomodarlo; e, girando le due dita intorno al collo,
volgeva intanto la faccia all'indietro, torcendo
insieme la bocca, e guardando con la coda dell'occhio, 25
fin dove poteva, se qualcheduno arrivasse; ma non
vide nessuno. Diede un'occhiata, al di sopra del
muricciolo, ne' campi: nessuno; un'altra più modesta
sulla strada dinanzi: nessuno, fuorchè i bravi. Che
fare? tornare indietro, non era a tempo: darla a 30
gambe, era lo stesso che dire, inseguitemi, o peggio.
Non potendo schivare il pericolo, vi corse incontro,
perchè i momenti di quell'incertezza erano allora
così penosi per lui, che non desiderava altro che
d'abbreviarli. Affrettò il passo, recitò un versetto a 35
voce più alta, compose la faccia a tutta quella quiete

e ilarità che potè, fece ogni sforzo per preparare un sorriso; quando si trovò a fronte dei due galantuomini, disse mentalmente: ci siamo; e si fermò su due piedi. 'Signor curato,' disse un di que'
5 due, piantandogli gli occhi in faccia.

'Cosa comanda?' rispose subito don Abbondio, alzando i suoi dal libro, che gli restò spalancato nelle mani, come sur un leggìo.

'Lei ha intenzione,' proseguì l'altro, con l'atto 10 minaccioso e iracondo di chi coglie un suo inferiore sull'intraprendere una ribalderia, 'lei ha intenzione di maritar domani Renzo Tramaglino e Lucia Mondella!'

'Cioè . . . .' rispose, con voce tremolante, don Ab-15 bondio: 'cioè. Lor signori son uomini di mondo, e sanno benissimo come vanno queste faccende. Il povero curato non c'entra: fanno i loro pasticci tra loro, e poi . . . . e poi, vengon da noi, come s'anderebbe a un banco a riscotere; e noi . . . noi siamo i 20 servitori del comune.'

'Or bene,' gli disse il bravo, all'orecchio, ma in tono solenne di comando, 'questo matrimonio non s'ha da fare, nè domani, nè mai.'

'Ma, signori miei,' replicò don Abbondio, con la 25 voce mansueta e gentile di chi vuol persuadere un impaziente, 'ma, signori miei, si degnino di mettersi ne'miei panni. Se la cosa dipendesse da me, ... vedon bene che a me non ne vien nulla in tasca . . . .'

'Orsù,' interruppe il bravo, 'se la cosa avesse a 30 decidersi a ciarle, lei ci metterebbe in sacco. Noi non ne sappiamo, nè vogliam saperne di più. Uomo avvertito . . . . lei c'intende.'

'Ma lor signori son troppo giusti, troppo ragionevoli . . . .'

35 'Ma,' interruppe questa volta l'altro compagnone, che non aveva parlato fin allora, 'ma il matrimonio

non si farà, o . . . .' e qui una buona bestemmia, 'o chi lo farà non se ne pentirà, perchè non ne avrà tempo, e . . . .' un'altra bestemmia.

'Zitto, zitto,' riprese il primo oratore, 'il signor curato è un uomo che sa il viver del mondo; e noi 5 siam galantuomini, che non vogliam fargli del male, purchè abbia giudizio. Signor curato, l'illustrissimo signor don Rodrigo nostro padrone la riverisce cara-mente.'

Questo nome fu, nella mente di don Abbondio, 10 come, nel forte d'un temporale notturno, un lampo che illumina momentaneamente e in confuso gli og-getti, e accresce il terrore. Fece, come per istinto, un grand'inchino, e disse: 'se mi sapessero sug-gerire . . . .'   15

'Oh! suggerire a lei che sa di latino!' interruppe ancora il bravo, con un riso tra lo sguaiato e il fer-oce. 'A lei tocca. E sopra tutto, non si lasci uscir parola su questo avviso che le abbiam dato per suo bene; altrimenti . . . . ehm . . . . sarebbe lo stesso 20 che fare quel tal matrimonio. Via, che vuol che si dica in suo nome all'illustrissimo signor don Rod-rigo?'

'Il mio rispetto . . . .'

'Si spieghi meglio!'   25

'. . . . Disposto . . . . disposto sempre all'ubbi-dienza.' E, proferendo queste parole, non sapeva nemmen lui se faceva una promessa, o un compli-mento. I bravi le presero, o mostraron di prenderle nel significato più serio.   30

'Benissimo, e buona notte, messere,' disse l'un d'essi, in atto di partir col compagno. Don Abbondio, che, pochi momenti prima, avrebbe dato un occhio per iscansarli, allora avrebbe voluto prolungar la con-versazione e le trattative. 'Signori . . . .' cominciò, 35 chiudendo il libro con le due mani; ma quelli, senza

più dargli udienza, presero la strada dond'era luı
venuto, e s'allontanarono, cantando una canzonaccia
che non voglio trascrivere. Il povero don Abbondio
rimase un momento a bocca aperta, come incantato;
5 poi prese quella delle due stradette che conduceva a
casa sua, mettendo innanzi a stento una gamba dopo
l'altra, che parevano aggranchiate.

II

Lo spavento di que'visacci e di quelle parolacce, la
minaccia d'un signore noto per non minacciare invano,
10 un sistema di quieto vivere, ch'era costato tant'anni
di studio e di pazienza, sconcertato in un punto, e un
passo dal quale non si poteva veder come uscirne:
tutti questi pensieri ronzavano tumultuariamente nel
capo basso di don Abbondio.—Se Renzo si potesse
15 mandare in pace con un bel no, via; ma vorrà delle
ragioni; e cosa ho da rispondergli, per amor del cielo?
E, e, e, anche costui è una testa; un agnello se nessun
lo tocca, ma se uno vuol contraddirgli . . . . ih! E poi,
e poi, perduto dietro a quella Lucia, innamorato
20 come . . . . . Ragazzacci, che, per non saper che fare,
s'innamorano, voglion maritarsi, e non pensano ad
altro; non si fanno carico de'travagli in che mettono
un povero galantuomo. Oh povero me! vedete se
quelle due figuracce dovevan proprio piantarsi sulla
25 mia strada, e prenderla con me! Che c'entro io?
Son io che voglio maritarmi? Perchè non son andati piuttosto a parlare . . . . Oh vedete un poco: gran
destino è il mio, che le cose a proposito mi vengan
sempre in mente un momento dopo l'ocasione. Se
30 avessi pensato di suggerir loro che andassero a portar

la loro imbasciata . . . . —Ma, a questo punto, s'accorse che il pentirsi di non essere stato consigliere e cooperatore dell'iniquità era cosa troppo iniqua; e rivolse tutta la stizza de' suoi pensieri contro quell'altro che veniva così a togliergli la sua pace. Non conosceva don Rodrigo che di vista e di fama, nè aveva mai avuto che far con lui, altro che di toccare il petto col mento, e la terra colla punta del suo cappello, quelle poche volte che l'aveva incontrato per la strada. Gli era occorso di difendere, in più d'un'occasione, la riputazione di quel signore, contro coloro che, a bassa voce, sospirando, e alzando gli occhi al cielo, maledicevano qualche suo fatto: aveva detto cento volte ch'era un rispettabile cavaliere. Ma, in quel momento, gli diede in cuor suo tutti que' titoli che non aveva mai udito applicargli da altri, senza interrompere in fretta con un oibò. Giunto, tra il tumulto di questi pensieri, alla porta di casa sua, ch'era in fondo del paesello, mise in fretta nella toppa la chiave, che già teneva in mano; aprì, entrò, richiuse diligentemente; e, ansioso di trovarsi in una compagnia fidata, chiamò subito: 'Perpetua! Perpetua!' avviandosi pure verso il salotto, dove questa doveva esser certamente ad apparecchiar la tavola per la cena. Era Perpetua, come ognun se n'avvede, la serva di don Abbondio: serva affezionata e fedele, che sapeva ubbidire e comandare, secondo l'occasione, tollerare a tempo il brontolìo e le fantasticaggini del padrone, e fargli a tempo tollerar le proprie, che divenivan di giorno in giorno più frequenti, da che aveva passata l'età sinodale dei quaranta, rimanendo celibe, per aver rifiutati tutti i partiti che le si erano offerti, come diceva lei, o per non aver mai trovato un cane che la volesse, come dicevan le sue amiche.

'Vengo,' rispose, mettendo sul tavolino, al luogo solito, il fiaschetto del vino prediletto di don Abbon-

dio, e si mosse lentamente; ma non aveva ancor
toccata la soglia del salotto, ch'egli v'entrò, con un
passo così legato, con uno sguardo così adombrato,
con un viso stravolto, che non ci sarebbero nemmen
5 bisognati gli occhi esperti di Perpetua, per iscoprire
a prima vista che gli era accaduto qualche cosa di
straordinario davvero.

'Misericordia! cos'ha, signor padrone?'

'Niente, niente,' rispose don Abbondio, lasciandosi
10 andar tutto ansante sul suo seggiolone.

'Come, niente? La vuol dare ad intendere a me?
così brutto com'è? Qualche gran caso è avvenuto.'

'Oh, per amor del cielo! Quando dico niente, o è
niente, o è cosa che non posso dire.'

15 'Che non può dir neppure a me? Chi si prenderà
cura della sua salute? Chi le darà un parere . . . .'

'Ohimè! tacete, e non apparecchiate altro: datemi
un bicchiere del mio vino.'

'E lei mi vorrà sostenere che non ha niente!' disse
20 Perpetua, empiendo il bicchiere, e tenendolo poi in
mano, come se non volesse darlo che in premio della
confidenza che si faceva tanto aspettare.

'Date qui, date qui,' disse don Abbondio, prendendole il bicchiere, con la mano non ben ferma, e votan-
25 dolo poi in fretta, come se fosse una medicina.

'Vuol dunque ch'io sia costretta di domandar qua e
là cosa sia accaduto al mio padrone?' disse Perpetua
ritta dinanzi a lui, con le mani arrovesciate sui
fianchi, e le gomita appuntate davanti, guardandolo
30 fisso, quasi volesse succhiargli dagli occhi il segreto.

'Per amor del cielo! non fate pettegolezzi, non fate
schiamazzi: ne va . . . . ne va la vita!'

'La vita!'

'La vita.'

35 'Lei sa bene che, ogni volta che m'ha detto qualche
cosa sinceramente, in confidenza, io non ho mai . . . .'

'Brava! come quando . . . .'

Perpetua s'avvide d'aver toccato un tasto falso; onde, cambiando subito il tono, 'signor padrone,' disse, con voce commossa e da commovere, 'io le sono sempre stata affezionata; e, se ora voglio sapere, è per premura, perchè vorrei poterla soccorrere, darle un buon parere, sollevarle l'animo . . . .'

Il fatto sta che don Abbondio aveva forse tanta voglia di scaricarsi del suo doloroso segreto, quanta ne avesse Perpetua di conoscerlo: onde, dopo aver respinti sempre più debolmente i nuovi e più incalzanti assalti di lei, dopo averle fatto più d'una volta giurare che non fiaterebbe, finalmente, con molte sospensioni, con molti ohimè, le raccontò il miserabile caso. Quando si venne al nome terribile del mandante, bisognò che Perpetua proferisse un nuovo e più solenne giuramento; e don Abbondio, pronunziato quel nome, si rovesciò sulla spalliera della seggiola con un gran sospiro, alzando le mani, in atto insieme di comando e di supplica, e dicendo: 'per amor del cielo!'

'Delle sue!' esclamò Perpetua. 'Oh che birbone! oh che soverchiatore! oh che uomo senza timor di Dio!'

'Volete tacere? o volete rovinarmi del tutto?'

'Oh! siam qui soli che nessun ci sente. Ma come farà, povero signor padrone?'

'Oh vedete,' disse don Abbondio, con voce stizzosa: 'vedete che bei pareri mi sa dar costei! Viene a domandarmi come farò, come farò; quasi fosse lei nell'impiccio, e toccasse a me di levarnela.'

'Ma! io l'avrei bene il mio povero parere da darle; ma poi . . . .'

'Ma poi, sentiamo.'

'Il mio parere sarebbe che, siccome tutti dicono che il nostro arcivescovo è un sant'uomo, e un uomo

di polso, e che non ha paura di nessuno, e, quando
può fare star a dovere un di questi prepotenti, per
sostenere un curato, ci gongola; io direi, e dico che
lei gli scrivesse una bella lettera, per informarlo
5 come qualmente . . . .'

'Volete tacere? volete tacere? Son pareri codesti
da dare a un pover'uomo? Quando mi fosse toccata
una schioppettata nella schiena, Dio liberi ! l'arcivescovo me la leverebbe?'

10 'Eh! le schioppettate non si danno via come confetti: e guai se questi cani dovessero mordere tutte le
volte che abbaiano ! E io ho sempre veduto che a
chi sa mostrare i denti, e farsi stimare, gli si porta
rispetto; e, appunto perchè lei non vuol mai dir la
15 sua ragione, siam ridotti a segno che tutti vengono,
con licenza, a . . . .'

'Volete tacere?'

'Io taccio subito; ma è però certo che, quando il
mondo s'accorge che uno, sempre, in ogni incontro, è
20 pronto a calar le . . . .'

'Volete tacere? È tempo ora di dir codeste baggia-
nate?'

'Basta: ci penserà questa notte; ma intanto non
cominci a farci male da sè, a rovinarsi la salute;
25 mangi un boccone.'

'Ci penserò io,' rispose, brontolando, don Abbondio:
'sicuro; io ci penserò, io ci ho da pensare.' E s'alzò,
continuando: 'non voglio prender niente; niente: ho
altra voglia: lo so anch'io che tocca a pensarci a me.
30 Ma! la doveva accader per l'appunto a me.'

'Mandi almen giù quest'altro gocciolo,' disse Perpetua, mescendo. 'Lei sa che questo le rimette
sempre lo stomaco.'

'Eh! ci vuol altro, ci vuol altro, ci vuol altro.'

35 'Così dicendo, prese il lume, e, brontolando sempre:
'una piccola bagattella! a un galantuomo par mio!

e domani com'andrà?' e altre simili lamentazioni,
s'avviò per salire in camera. Giunto su la soglia, si
voltò indietro verso Perpetua, mise il dito sulla bocca,
disse, con tono lento e solenne : 'per amor del cielo'
e disparve.   5

III

Sɪ racconta che il principe di Condè dormì profondamente la notte avanti la giornata di Rocroi : ma, in
primo luogo, era molto affaticato : secondariamente
aveva già date tutte le disposizioni necessarie, e stabilito ciò che dovesse fare, la mattina. Don Abbondio 10
in vece non sapeva altro ancora se non che l'indomani
sarebbe giorno di battaglia : quindi una gran parte
della notte fu spesa in consulte angosciose. Non far
caso dell'intimazione ribalda, nè delle minacce, e fare
il matrimonio, era partito, che non volle neppur 15
mettere in deliberazione. Confidare a Renzo l'occorrente, e cercar con lui qualche mezzo . . . . Dio liberi !
'Non si lasci scappar parola . . . . altrimenti . . . .
ehm !' aveva detto un di que'bravi ; e, al sentirsi rim-
bombar quell'*ehm !* nella mente, don Abbondio, non 20
che pensare a trasgredire una tal legge, si pentiva
anche dall'aver ciarlato con Perpetua. Fuggire ?
Dove ? E poi ! Quant'impicci, e quanti conti da
rendere ! A ogni partito che rifiutava, il pover'uomo
si rivoltava nel letto. Quello che, per ogni verso, gli 25
parve il meglio o il men male, fu di guadagnar tempo,
menando Renzo per le lunghe. Si rammentò a proposito, che mancavan pochi giorni al tempo proibito
per le nozze;—e, se posso tenere a bada, per questi
pochi giorni, quel ragazzone, ho poi due mesi di re- 30
spiro ; e, in due mesi, può nascer di gran cose.—Rum-

inò pretesti da metter in campo; e, benchè gli paressero un po' leggieri, pur s'andava rassicurando col pensiero che la sua autorità gli avrebbe fatti parer di giusto peso, e che la sua antica esperienza gli darebbe gran vantaggio sur un giovanetto ignorante.—Vedremo,—diceva tra sè:—egli pensa alla morosa; mà io penso alla pelle: il più interessato son io, lasciando stare che sono il più accorto. Figliuol caro, se tu ti senti il bruciore addosso, non so che dire; ma io non voglio andarne di mezzo.—Fermato così un poco l'animo a una deliberazione, potè finalmente chiuder occhio: ma che sonno! che sogni! Bravi, don Rodrigo, Renzo, viottole, rupi, fughe, inseguimenti, grida, schioppettate.

Il primo svegliarsi, dopo una sciagura, e in un impiccio, è un momento molto amaro. La mente, appena risentita, ricorre all'idee abituali della vita tranquilla antecedente; ma il pensiero del nuovo stato di cose le si affaccia subito sgarbatamente: e il dispiacere ne è più vivo in quel paragone istantaneo. Assaporato dolorosamente questo momento, don Abbondio ricapitolò subito i suoi disegni della notte, si confermò in essi, gli ordinò meglio, s'alzò, e stette aspettando Renzo con timore, e, ad un tempo, con impazienza.

Lorenzo o, come dicevan tutti, Renzo non si fece molto aspettare. Appena gli parve ora di poter, senza indiscrezione, presentarsi al curato, v'andò, con la lieta furia d'un uomo di vent'anni, che deve in quel giorno sposare quella che ama. Era, fin dall'adolescenza, rimasto privo de' parenti, ed esercitava la professione di filatore di seta, ereditaria, per dir così, nella sua famiglia; professione, negli anni indietro, assai lucrosa; allora già in decadenza, ma non però a segno che un abile operaio non potesse cavarne di che vivere onestamente. Il lavoro andava di giorno in giorno scemando; ma l'emigrazione continua de' lavoranti, attirati negli stati vicini da promesse, da privilegi e da grosse paghe, faceva sì che non ne mancasse ancora a quelli che rimanevano in paese. Oltre di questo, possedeva Renzo un 5 poderetto che faceva lavorare e lavorava egli stesso, quando il filatoio stava fermo: di modo che, per la sua condizione, poteva dirsi agiato. E quantunque quell'annata fosse ancor più scarsa delle antecedenti, e già si cominciasse a provare una vera carestia, 10 pure il nostro giovine, che, da quando aveva messi gli occhi addosso a Lucia, era divenuto massaio, si trovava provvisto bastantemente, e non aveva a contrastar con la fame. Comparve davanti a don Abbondio, in gran gala, con penne di vario colore al 15 cappello, col suo pugnale del manico bello, nel taschino de' calzoni, con una cert' aria di festa e nello stesso tempo di braverìa, comune allora anche agli uomini più quieti. L'accoglimento incerto e misterioso di don Abbondio fece un contrapposto singo- 20 lare ai modi gioviali e risoluti del giovinotto.

— Che abbia qualche pensiero per la testa, — argomentò Renzo tra sè, poi disse: 'son venuto, signor curato, per sapere a che ora le comoda che ci troviamo in Chiesa.'

                                                                  25

   'Di che giorno volete parlare?'

   'Come, di che giorno? non si ricorda che s'è fissato per oggi?'

   'Oggi?' replicò don Abbondio, come se ne sentisse parlare per la prima volta. 'Oggi, oggi .... abbiate 30 pazienza, ma oggi non posso.'

   'Oggi non può! Cos'è nato?'

   'Prima di tutto, non mi sento bene, vedete.'

   'Mi dispiace; ma quello che ha da fare è cosa di così poco tempo, e di così poca fatica ....' 35

   'E poi, e poi, e poi ....'

'E poi che cosa?'

'E poi c'è degli imbrogli.'

'Degl'imbrogli? Che imbrogli ci può essere?'

'Bisognerebbe trovarsi nei nostri piedi, per conoscer
5 quanti impicci nascono in queste materie, quanti
conti s'ha da rendere. Io son troppo dolce di cuore,
non penso che a levar di mezzo gli ostacoli, a facilitar
tutto, a far le cose secondo il piacere altrui, e trascuro
il mio dovere; e poi mi toccan de'rimproveri, e
10 peggio.'

'Ma, col nome del cielo, non mi tenga così sulla
corda, e mi dica chiaro e netto cosa c'è.'

'Sapete voi quante e quante formalità ci vogliono
per fare un matrimonio in regola?'

15 'Bisogna ben ch'io ne sappia qualche cosa,' disse
Renzo, cominciando ad alterarsi, 'poichè me ne ha
già rotta bastantemente la testa, questi giorni addietro. Ma ora non s'è sbrigato ogni cosa? non s'è
fatto tutto ciò che s'aveva a fare?'

20 'Tutto, tutto, pare a voi: perchè, abbiate pazienza,
la bestia son io, che trascuro il mio dovere, per non
far penare la gente. Ma ora .... basta, so quel che
dico. Noi poveri curati siamo tra l'ancudine e il
martello: voi impaziente; vi compatisco, povero
25 giovane; e i superiori .... basta, non si può dir
tutto. E noi siam quelli che ne andiam di mezzo.'

'Ma mi spieghi una volta cos'è quest'altra formalità
che s'ha a fare, come dice; e sarà subito fatta.'

'Sapete voi quanti siano gl'impedimenti dirimenti?'

30 'Che vuol ch'io sappia d'impedimenti?'

'Dunque, se non sapete le cose, abbiate pazienza, e
rimettetevi a chi le sa.'

'Orsù! ....'

'Via, caro Renzo, non andate in collera, che son
35 pronto a fare .... tutto quello che dipende da me.
Io, io vorrei vedervi contento: vi voglio bene io.

Eh ! . . . . quando penso che stavate così bene ; cosa vi mancava ? V'è saltato il grillo di maritarvi . . . .'

'Che discorsi son questi, signor mio?' proruppe Renzo, con un volto tra l'attonito e l'adirato.

'Dico per dire, abbiate pazienza, dico per dire. 5 Vorrei vedervi contento.'

'In somma . . . .'

'In somma, figliuol caro, io non ci ho colpa; la legge non l'ho fatta io. E, prima di conchiudere un matrimonio, noi siam proprio obbligati a far molte 10 e molte ricerche, per assicurarci che non ci siano impedimenti.'

'Ma via, mi dica una volta che impedimento è sopravvenuto?'

'Abbiate pazienza, non son cose da potersi decifrare 15 così su due piedi. Non ci sarà niente, così spero ; ma, non ostante, queste ricerche noi le dobbiam fare . . . .'

'Ma non le ha già fatte queste ricerche?'

'Non le ho fatte tutte, come avrei dovuto, vi dico.'

'Perchè non le ha fatte a tempo? perchè dirmi 20 che tutto era finito? perchè aspettare . . . .'

'Ecco! mi rimproverate la mia troppa bontà. Ho facilitato ogni cosa per servirvi più presto: ma . . . . ma ora mi son venute . . . . basta, so io.'

'E che vorrebbe ch' io facessi?' 25

'Che aveste pazienza per qualche giorno. Figliuol caro, qualche giorno non è poi l'eternità: abbiate pazienza.'

'Per quanto?'

—Siamo a buon porto, —pensò tra sè don Abbondio; 30 e, con un fare più manieroso che mai, 'via,' disse: 'in quindici giorni cercherò, ... procurerò . . . .'

'Quindici giorni! oh questa sì ch'è nuova! S'è fatto tutto ciò che ha voluto lei; s'è fissato il giorno; il giorno arriva ; e ora lei mi viene a dire che aspetti 35 quindici giorni! Quindici . . . .' riprese poi, con voce

più alta e stizzosa, stendendo il braccio, e battendo il
pugno nell'aria; e chi sa qual diavoleria avrebbe
attaccata a quel numero, se don Abbondio non
l'avesse interrotto, prendendogli l'altra mano, con
5 un'amorevolezza timida e premurosa: 'via, via, non
v'alterate, per amor del cielo. Vedrò, cercherò se,
in una settimana . . . .'

'E a Lucia che devo dire?'

'Ch'è stato un mio sbaglio.'

10 'E i discorsi del mondo?'

'Dite pure a tutti, che ho sbagliato io, per troppa
furia, per troppo buon cuore: gettate tutta la colpa
addosso a me. Posso parlar meglio? via, per una
settimana.'

15 'E poi, non ci sarà più altri impedimenti?'

'Quando vi dico . . . .'

'Ebbene: avrò pazienza per una settimana; ma
ritenga bene che, passata questa, non m'appagherò
più di chiacchiere. Intanto la riverisco.' E così detto,
20 se n'andò, facendo a don Abbondio un inchino men
profondo del solito, e dandogli un'occhiata più espres-
siva che riverente.

IV

USCITO poi, e camminando di mala voglia, per la
prima volta, verso la casa della sua promessa, in
25 mezzo alla stizza, tornava con la mente su quel
colloquio; e sempre più lo trovava strano. L'accoglienza fredda e impicciata di don Abbondio, quel
suo parlare stentato insieme e impaziente, que'due
occhi grigi che, mentre parlava, eran sempre andati
30 scappando qua e là, come se avesser avuto paura

d'incontrarsi con le parole che gli uscivan di bocca, quel farsi quasi nuovo del matrimonio così espressa- mente concertato, e sopra tutto quell'accennar sempre qualche gran cosa, non dicendo mai nulla di chiaro; tutte queste circostanze messe insieme facevan pen- 5 sare a Renzo che ci fosse sotto un mistero diverso da quello che don Abbondio aveva voluto far credere. Stette il giovine in forse un momento di tornare indietro, per metterlo alle strette, e farlo parlar più chiaro; ma, alzando gli occhi, vide Perpetua che 10 camminava dinanzi a lui, ed entrava in un orticello pochi passi distante dalla casa. Le diede una voce, mentre essa apriva l'uscio; studiò il passo, la rag- giunse, la ritenne sulla soglia, e, col disegno di scovar qualche cosa di più positivo, si fermò ad attaccar 15 discorso con essa.

'Buon giorno, Perpetua: io speravo che oggi si sarebbe stati allegri insieme.'

'Ma! quel che Dio vuole, mio povero Renzo.'

'Fatemi un piacere: quel benedett'uomo del signor 20 curato m'ha impastocchiate certe ragioni che non ho potuto ben capire: spiegatemi voi meglio perchè non può o non vuole maritarci oggi.'

'Oh! vi par egli ch'io sappia i segreti del mio padrone?' 25

— L'ho detto io, che c'era mistero sotto, — pensò Renzo, e, per tirarlo in luce, continuò: 'via, Perpetua; siamo amici; ditemi quel che sapete, aiutate un povero figliuolo.'

'Mala cosa il nascer povero, il mio caro Renzo.' 30

'È vero,' riprese questo, sempre più confermandosi ne' suoi sospetti; e, cercando d'accostarsi più alla questione, 'è vero,' soggiunse, 'ma tocca ai preti a trattar male co' poveri?'

'Sentite, Renzo; io non posso dir niente, perchè 35 .... non so niente; ma quello che vi posso assicurare è che il mio padrone non vuol far torto, nè a voi nè a nessuno ; e lui non ci ha colpa.'

'Chi è dunque che ci ha colpa?' domandò Renzo, con un cert'atto trascurato, ma col cuor sospeso, e
5 con l'orecchio all'erta.

'Quando vi dico che non so niente .... In difesa del mio padrone, posso parlare ; perchè mi fa male sentire che gli si dia carico di voler far dispiacere a qualcheduno.   Pover'uomo! se pecca, è per troppa
10 bontà.   C'è bene a questo mondo de'birboni, de'pre- potenti, degli uomini senza timor di Dio ....'

—Prepotenti! birboni!— pensò Renzo:— questi non sono i superiori. 'Via,' disse poi, nascondendo a stento l'agitazione crescente, 'via, ditemi chi è.'
15 'Ah! voi vorreste farmi parlare; e io non posso parlare, perchè .... non so niente: quando non so niente, è come se avessi giurato di tacere.   Potreste darmi la corda, che non mi cavereste nulla di bocca. Addio ; è tempo perduto per tutt'e due.'   Così dicen-
20 do, entrò in fretta nell'orto, e chiuse l'uscio.   Renzo rispostole con un saluto, tornò indietro pian piano, per non farla accorgere del cammino che prendeva ; ma, quando fu fuor del tiro dell'orecchio della buona donna, allungò il passo ; in un momento fu all'uscio
25 di don Abbondio ; entrò, andò diviato al salotto dove l'aveva lasciato, ve lo trovò, e corse verso lui con un fare ardito, e con gli occhi stralunati.

'Eh! eh! che novità è questa?' disse don Abbon- dio.
30 'Chi è quel prepotente,' disse Renzo, con la voce d'un uomo ch'è risoluto d'ottenere una risposta precisa, 'chi è quel prepotente che non vuol ch'io sposi Lucia?'

'Che? che? che?' balbettò il povero sorpreso, con
35 un volto fatto in un instante bianco e floscio, come un cencio che esca del bucato. E, pur brontolando

spiccò un salto dal suo seggiolone, per lanciarsi all'
uscio. Ma Renzo, che doveva aspettarsi quella mossa,
e stava all'erta, vi balzò prima di lui, girò la chiave,
e se la mise in tasca.

'Ah! ah! parlerà ora, signor curato? Tutti sanno 5
i fatti miei, fuori di me. Voglio saperli, per bacco,
anch'io. Come si chiama colui?'

'Renzo! Renzo! per carità, badate a quel che fate;
pensate all'anima vostra.'

'Penso che lo voglio saper subito, sul momento.' 10
E, così dicendo, mise, forse senza avvedersene, la
mano sul manico del coltello che gli usciva dal
taschino.

'Misericordia!' esclamò con voce fioca don Abbondio.   15

'Lo voglio sapere.'

'Chi v'ha detto . . . .?'

'No, no; non più fandonie. Parli chiaro e subito.'

'Mi volete morto?'

'Voglio sapere ciò che ho ragion di sapere.'   20

'Ma se parlo, son morto. Non m'ha da premere la
mia vita?'

'Dunque parli.'

Quel 'dunque' fu proferito con una tale energia,
l'aspetto di Renzo divenne così minaccioso, che 'don 25
Abbondio non potè più nemmen supporre la possibilità
di disubbidire.

'Mi promettete, mi giurate,' disse, 'di non parlarne
con nessuno, di non dir mai . . . .?'

'Le prometto che fo uno sproposito, se lei non mi 30
dice subito subito il nome di colui.'

A quel nuovo scongiuro, don Abbondio, col volto, e
con lo sguardo di chi ha in bocca le tenaglie del cavadenti, proferì: 'don . . . .'

'Don?' ripetè Renzo, come per aiutare il paziente a 35
buttar fuori il resto; e stava curvo, con l'orecchio

chino sulla bocca di lui, con le braccia tese, e i pugni stretti all'indietro.

'Don Rodrigo!' pronunziò in fretta il forzato, precipitando quelle poche sillabe, e strisciando le consonanti, parte per il turbamento, parte perchè, rivolgendo pure quella poca attenzione che gli rimaneva libera, a fare una transazione tra le due paure, pareva che volesse sottrarre e fare scomparir la parola, nel punto stesso ch'era costretto a metterla fuori.

'Ah cane!' urlò Renzo. 'E come ha fatto? Cosa le ha detto per . . . . ?'

'Come eh? come?' rispose, con voce quasi sdegnosa, don Abbondio, il quale, dopo un così gran sacriflzio, si sentiva in certo modo divenuto creditore. 'Come eh? vorrei che la fosse toccata a voi, come è toccata me, che non c'entro per nulla; che certamente non vi sarebber rimasti tanti grilli in capo.' E qui si fece a dipinger con colori terribili il brutto incontro; e, nel discorrere, accorgendosi sempre più d'una gran collera che aveva in corpo, e che fin allora era stata nascosta e involta nella paura, e vedendo nello stesso tempo che Renzo, tra la rabbia e la confusione, stava immobile, col capo basso, continuò allegramente: 'avete fatta una bella azione! M'avete reso un bel servizio! Un tiro di questa sorte a un galantuomo, al vostro curato! in casa sua! in luogo sacro! Avete fatta una bella prodezza! per cavarmi di bocca il mio malanno! il vostro malanno! ciò ch'io vi nascondevo per prudenza, per vostro bene! E ora che lo sapete? Vorrei vedere che mi faceste . . . .! Per amor del cielo! Non si scherza. Non si tratta di torto o di ragione; si tratta di forza. E quando, questa mattina, vi davo un buon parere . . . . eh! subito nelle furie. Io avevo giudizio per me e per voi; ma come si fa? Aprite almeno; datemi la mia chiave.'

'Posso aver fallato,' rispose Renzo, con voce raddol-
cita verso don Abbondio, ma nella quale si sentiva il
furore contro il nemico scoperto : 'posso aver fallato ;
ma si metta la mano al petto, e pensi se nel mio
caso . . . .'   5
Così dicendo, s'era levata la chiave di tasca, e
andava ad aprire. Don Abbondio gli andò dietro,
e, mentre quegli girava la chiave nella toppa, se
gli accostò, e, con volto serio e ansioso, alzandogli
davanti agli occhi le tre prime dita della destra, come 10
per aiutarlo anche lui dal canto suo, 'giurate almeno
. . . .' gli disse.
'Posso aver fallato ; e mi scusi,' rispose Renzo,
aprendo e disponendosi ad uscire.
'Giurate . . . .' replicò don Abbondio, afferran- 15
dogli il braccio con la mano tremante.
'Posso aver fallato,' ripetè Renzo, sprigionandosi
da lui ; e partì in furia, troncando così la questione,
che, al pari d'una questione di letteratura o di filoso-
fia o d'altro, avrebbe potuto durar dei secoli, giacchè 20
ognuna delle parti non faceva che replicare il suo
proprio argomento.
'Perpetua ! Perpetua !' gridò don Abbondio, dopo
avere invano richiamato il fuggitivo. Perpetua non
risponde : don Abbondio non sapeva più in che mon- 25
do si fosse.
E accaduto più d'una volta a personaggi di ben più
alto affare che don Abbondio, di trovarsi in frangenti
così fastidiosi, in tanta incertezza di partiti, che
parve loro un ottimo ripiego mettersi a letto con la 30
febbre. Questo ripiego, egli non lo dovette andare
a cercare, perchè gli si offerse da sè. La paura del
giorno avanti, la veglia angosciosa della notte, la
paura avuta in quel momento, l'ansietà dell'avvenire,
fecero l'effetto. Affannato e balordo, si ripose sul 35
suo seggiolone, cominciò a sentirsi qualche brivido

nell' ossa, si guardava le unghie sospirando, e chiamava di tempo in tempo, con voce tremolante e stizzosa: 'Perpetua!' La venne finalmente, con un
gran cavolo sotto il braccio, e con la faccia tosta,
5 come se nulla fosse stato. Risparmio al lettore i
lamenti, le condoglianze, le accuse, le difese, i 'voi
sola potete aver parlato,' e i 'non ho parlato,' tutti i
pasticci in somma di quel colloquio. Basti dire che
don Abbondio ordinò a Perpetua di metter la stanga
10 all'uscio, di non aprir più per nessuna cagione, e, se
alcun bussasse, risponder dalla finestra che il curato
era andato a letto con la febbre. Salì poi lentamente le scale, dicendo, ogni tre scalini, 'son servito';
e si mise davvero a letto, dove lo lasceremo.

V

15 RENZO intanto camminava a passi infuriati verso
casa, senza aver determinato quel che dovesse fare,
ma con una smania addosso di far qualcosa di strano
e di terribile. I provocatori, i soverchiatori, tutti
coloro che, in qualunque modo, fanno torto altrui,
20 sono rei, non solo del male che commettono, ma del
pervertimento ancora a cui portano gli animi degli
offesi. Renzo era un giovine pacifico e alieno dal
sangue, un giovane schietto e nemico d'ogni insidia ;
ma, in que' momenti, il suo cuore non batteva che
25 per l'omicidio, la sua mente non era occupata che a
fantasticare un tradimento. Avrebbe voluto correre
alla casa di don Rodrigo, afferrarlo per il collo, e . . . .
ma gli veniva in mente ch'era come una fortezza,
guarnita di bravi al di dentro, e guardata al di fuori ;
30 che i soli amici e servitori ben conosciuti v'entravan

liberamente, senza essere squadrati da capo a piedi; che un artigianello sconosciuto non vi potrebb'entrare senza un esame, e ch'egli sopra tutto . . . . egli vi sarebbe forse troppo conosciuto. Si figurava allora di prendere il suo schioppo, d'appiattarsi dietro una siepe, aspettando se mai, se mai colui venisse a passar solo; e, internandosi, con feroce compiacenza in quel'immaginazione, si figurava di sentire una pedata, quella pedata, d'alzar chetamente la testa; riconosceva lo scellerato, spianava lo schioppo, prendeva la mira, sparava, lo vedeva cadere e dare i tratti, gli lanciava una maledizione, e correva sulla strada del confine a mettersi in salvo. —E Lucia? —Appena questa parola si fu gettata a traverso di quelle bieche fantasie, i migliori pensieri, a cui era avvezza la mente di Renzo, v'entrarono in folla. Si rammentò degli ultimi ricordi de'suoi parenti, si rammentò di Dio, della Madonna e de'santi, pensò alla consolazione che aveva tante volte provata di trovarsi senza delitti, all'orrore che aveva tante volte provato al racconto d'un omicidio; e si risvegliò da quel sogno di sangue, con ispavento, con rimorso, e insieme con una specie di gioia di non aver fatto altro che immaginare. Ma il pensiero di Lucia, quanti pensieri tirava seco! Tante speranze, tante promesse, un avvenire così vagheggiato, e così tenuto sicuro, e quel giorno così sospirato! E come, con che parole annunziarle una tal nuova? E poi, che partito prendere? Come farla sua, a dispetto della forza di quell'iniquo potente? E insieme a tutto questo, non un sospetto formato, ma un'ombra tormentosa gli passava per la mente. Quella soverchieria di don Rodrigo non poteva esser mossa che da una brutale passione per Lucia. E Lucia? Che avesse data a colui la più piccola occasione, la più leggiera lusinga, non era un pensiero che potesse fermarsi un momento nella

testa di Renzo. Ma n'era informata? poteva colui
aver concepita quell'infame passione, senza che lei
se n'avvedesse? Avrebbe spinte le cose tanto in là,
prima d'averla tentata in qualche modo? E Lucia
5 non ne avéva mai detta una parola a lui! al suo
promesso!

Dominato da questi pensieri, passò davanti a casa
sua, ch'era nel mezzo del villagio, e, attraversatolo,
s'avviò a quella di Lucia, ch'era in fondo, anzi un
10 po' fuori. Aveva quella casetta un piccolo cortile dinanzi, che la separava dalla strada, ed era cinto da un
murettino. Renzo entrò nel cortile, e sentì un misto
e continuo ronzìo che veniva da una stanza di sopra.
S'immaginò che sarebbero amiche e comari, venute
15 a far corteggio a Lucia; e non si volle mostrare a
quel mercato, con quella nùova in corpo e sul volto.
Una fanciulletta che si trovava nel cortile, gli corse
incontro gridando: 'lo sposo! lo sposo!'

'Zitta, Bettina, zitta!' disse Renzo. 'Vien qua;
20 va su da Lucia, tirala in disparte, e dille all'orecchio . . . . ma che nessun senta, nè sospetti di nulla,
ve' . . . . dille che ho da parlarle, che l'aspetto nella
stanza terrena, e che venga subito.' La fanciulletta
salì in fretta le scale, lieta e superba di avere una
25 commission segreta da eseguire.

Lucia usciva in quel momento tutta attillata dalle
mani della madre. Le amiche si rubavano la sposa, e
le facevan forza perchè si lasciasse vedere; e lei s'
andava schermendo, con quella modestia un po' guer-
30 riera delle contadine, facendosi scudo alla faccia col
gomito, chinandola sul busto, e aggrottando i lunghi
e neri sopraccigli, mentre però la bocca s'apriva al
sorriso. I neri e giovanili capelli, spartiti sopra la
fronte, con una bianca e sottile dirizzatura, si ravvol-
35 gevan, dietro il capo, in cerchi moltiplici di trecce,
trapassate da lunghi spilli d'argento, che si dividevano

all'intorno, quasi a guisa de' raggi d'un'aureola, come ancora usano le contadine nel Milanese. Intorno al collo aveva un vezzo di granati alternati con bottoni d'oro a filigrana: portava un bel busto di broccato a fiori, con le maniche separate e allacciate da bei nas- 5 tri; una corta gonnella di filaticcio di seta, a pieghe fitte e minute, due calze vermiglie, due pianelle, di seta anch'esse, a ricami. Oltre a questo, ch'era l'orna- mento particolare del giorno delle nozze, Lucia aveva quello quotidiano d'una modesta bellezza, rilevata 10 allora e accresciuta dalle varie affezioni che le si dipingevan sul viso: una gioia temperata da un turba- mento leggiero, quel placido accoramento che si mos- tra di quand'in quando sul volto delle spose, e, senza scompor la bellezza, le dà un carattere particolare. 15 La piccola Bettina si cacciò nel crocchio, s'accostò a Lucia, le fece intendere accortamente che aveva qual- cosa da comunicarle, e le disse la sua parolina all' orecchio.

'Vo un momento, e torno,' disse Lucia alle donne; 20 e scese in fretta. Al vedere la faccia mutata, e il portamento inquieto di Renzo, 'cosa c'è?' disse, non senza un presentimento di terrore.

'Lucia!' rispose Renzo, 'per oggi, tutto è a monte; e Dio sa quando potremo esser marito e moglie.' 25

'Che?' disse Lucia tutta smarrita. Renzo le rac- contò brevemente la storia di quella mattina: ella ascoltava con angoscia: e quando udì il nome di don Rodrigo, 'ah!' esclamò, arrossendo e tremando, 'fino a questo segno!' 30

'Dunque voi sapevate . . . . ?' disse Renzo.

'Pur troppo!' rispose Lucia; 'ma a questo segno!'

'Che cosa sapevate?'

'Non mi fate ora parlare, non mi fate piangere. Corro a chiamar mia madre, e a licenziar le donne: 35 bisogna che siam soli.'

Mentre ella partiva, Renzo susurrò: 'non m'avete mai detto niente.'

'Ah, Renzo!' rispose Lucia, rivolgendosi un momento, senza fermarsi. Renzo intese benissimo che
5 il suo nome pronunziato in quel momento, con quel tono, da Lucia, voleva dire: potete voi dubitare ch'io abbia taciuto se non per motivi giusti e puri?

Intanto la buona Agnese (così si chiamava la madre di Lucia), messa in sospetto e in curiosità dalla
10 parolina all'orecchio, e dallo sparir della figlia, era discesa a veder cosa c'era di nuovo. La figlia la lasciò con Renzo, tornò alle donne radunate, e, accomodando l'aspetto e la voce, come potè meglio, disse: 'il signor curato è ammalato; e oggi non si fa nulla.'
15 Ciò detto, le salutò tutte in fretta, e scese di nuovo.

Le donne sfilarono, e si sparsero a raccontar l'accaduto. Due o tre andaron fin all'uscio del curato, per verificar se era ammalato davvero.

'Un febbrone,' rispose Perpetua dalla finestra; e la
20 trista parola, riportata all'altre, troncò le congetture che già cominciavano a brulicar ne'loro cervelli, e ad annunziarsi tronche e misteriose ne'loro discorsi.

VI

Lucia entrò nella stanza terrena, mentre Renzo stava angosciosamente informando Agnese, la quale
25 angosciosamente lo ascoltava. Tutt'e due si volsero a chi ne sapeva più di loro, e da cui aspettavano uno schiarimento, il quale non poteva essere che doloroso: tutt'e due, lasciando travedere, in mezzo al dolore, e con l'amore diverso che ognun d'essi por-
30 tava a Lucia, un cruccio pur diverso perchè avesse taciuto loro qualche cosa, e una tal cosa. Agnese,

benchè ansiosa di sentir parlare la figlia, non potè tenersi di non farle un rimprovero. 'A tua madre non dir niente d'una cosa simile!'

'Ora vi dirò tutto,' rispose Lucia, asciugandosi gli occhi col grembiule. 5

'Parla, parla! — Parlate, parlate!' gridarono a un tratto la madre e lo sposo.

'Santissima Vergine!' esclamò Lucia: 'chi avrebbe creduto che le cose potessero arrivare a questo segno!' E, con voce rotta dal pianto, raccontò come pochi 10 giorni prima, mentre tornava dalla filanda, ed era rimasta indietro dalle sue compagne, le era passato innanzi don Rodrigo, in compagnia d'un altro signore; che il primo aveva cercato di trattenerla con chiacchiere, com'ella diceva, non punto belle; 15 ma essa, senza dargli retta, aveva affrettato il passo, e raggiunte le compagne; e intanto aveva sentito quell'altro signore rider forte, e don Rodrigo dire: scommettiamo. Il giorno dopo, coloro s'eran trovati ancora sulla strada; ma Lucia era nel mezzo delle 20 compagne, con gli occhi bassi; e l'altro signore sghignazzava, e don Rodrigo diceva: vedremo, vedremo.

'Per grazia del cielo,' continuò Lucia, 'quel giorno era l'ultimo della filanda. Io raccontai subito . . . .'

'A chi hai raccontato?' domandò Agnese, andan- 25 do incontro, non senza un po' di sdegno, al nome del confidente preferito.

'Al padre Cristoforo, in confessione, mamma,' rispose Lucia, con un accento soave di scusa. 'Gli raccontai tutto, l'ultima volta che siamo andate 30 insieme alla chiesa del convento: e, se vi ricordate, quella mattina, io andava mettendo mano ora a una cosa, ora a un'altra, per indugiare, tanto che passasse altra gente del paese avviata a quella volta, e far la strada in compagnia con loro; perchè, dopo quell'in- 35 contro, le strade mi facevan tanta paura . . . .'

Al nome riverito del padre Cristoforo, lo sdegno d'Agnese si raddolcì. 'Hai fatto bene,' disse, 'ma perchè non raccontar tutto anche a tua madre?'

Lucia aveva avute due buone ragioni: l'una, di non 5 contristare nè spaventare la buona donna, per cosa alla quale essa non avrebbe potuto trovar rimedio; l'altra, di non metter a rischio di viaggiar per molte bocche una storia che voleva essere gelosamente sepolta: tanto più che Lucia sperava che le sue nozze 10 avrebber troncata, sul principiare, quell'abbominata persecuzione. Di queste due ragioni però, non allegò che la prima.

'E a voi,' disse poi, rivolgendosi a Renzo, con quella voce, che vuol far riconoscere a un amico che 15 ha avuto torto: 'e a voi doveva io parlar di questo? Pur troppo lo sapete ora!'

'E che t'ha detto il padre?' domandò Agnese.

'M'ha detto che cercassi d'affrettar le nozze il più che potessi, e intanto stessi rinchiusa; che pregassi 20 bene il Signore; e che sperava che colui, non vedendomi, non si curerebbe più di me. E fu allora che mi sforzai,' proseguì, rivolgendosi di nuovo a Renzo, senza alzargli però gli occhi in viso, e arrossendo tutta, 'fu allora che feci la sfacciata, e che vi pregai 25 io che procuraste di far presto, e di concludere prima del tempo che s'era stabilito. Chi sa cosa avrete pensato di me! Ma io facevo per bene, ed ero stata consigliata, e tenevo per certo.... e questa mattina, ero tanto lontana da pensare....' Qui le 30 parole furon troncate da un violento scoppio di pianto.

'Ah birbone! ah assassino!' gridava Renzo, correndo innanzi e indietro per la stanza, e stringendo di tanto in tanto il manico del suo coltello.

35 'Oh che imbroglio, per amor di Dio!' esclamava Agnese. Il giovine si fermò d'improvviso davanti

a Lucia che piangeva; la guardò con un atto di tenerezza mesta e rabbiosa, e disse : 'questa è l'ultima che fa quell' assassino.'

'Ah! no, Renzo, per amor del cielo!' gridò Lucia. 'No, no, per amor del cielo! Il Signore c'è anche 5 per i poveri; e come volete che ci aiuti, se facciam del male ?'

'No, no, per amor del cielo!' ripeteva Agnese.

'Renzo,' disse Lucia, con un'aria di speranza e di risoluzione più tranquilla : ' voi avete un mestiere, e 10 io so lavorare : andiamo tanto lontano, che colui non senta più parlar di noi.'

'Ah Lucia! e poi? Non siamo ancora marito e moglie! Se fossimo maritati, oh allora . . . . . !'

Lucia si rimise a piangere : e tutt' e tre rimasero in 15 silenzio, e in un abbattimento che faceva un tristo contrapposto alla pompa festiva de' loro abiti.

'Sentite, figliuoli; date retta a me,' disse, dopo qualche momento, Agnese. 'Io son venuta al mondo prima di voi; e il mondo lo conosco un poco. Non 20 bisogna poi spaventarsi tanto : il diavolo non è brutto quanto si dipinge. A noi poverelli le matasse paion più imbrogliate, perchè non sappiam trovarne il bandolo; ma alle volte un parere, una parolina d'un uomo che abbia studiato . . . . so ben io quel che vog- 25 lio dire. Fate a mio modo, Renzo ; andate a Lecco ; cercate del dottor Azzecca-garbugli, raccontategli . . . . Ma non lo chiamate così, per amor del cielo : è un soprannome. Bisogna dire il signor dottor . . . . Come si chiama, ora ? Oh to'! non lo so il nome vero : 30 lo chiaman tutti a quel modo. Basta, cercate di quel dottore alto, asciutto, pelato, col naso rosso, e una voglia di lampone sulla guancia.'

'Lo conosco di vista,' disse Renzo.

'Bene,' continuò Agnese : 'quello è una cima 35 d' uomo ! Ho visto io più d' uno ch'era più impicciato

che un pulcin nella stoppa, e non sapeva dove batter
la testa, e, dopo essere stato un'ora a quattr'occhi
col dottor Azzecca-garbugli, (badate bene di non
chiamarlo così!) l'ho visto, dico, ridersene.   Pigliate
5 quei quattro capponi, poveretti! a cui dovevo tirare
il collo, per il banchetto di domenica, e portate-
glieli; perchè non bisogna mai andar con le mani vote
da que'signori. Raccontategli tutto l'accaduto; e
vedrete che vi dirà, su due piedi, di quelle cose che
10 a noi non verrebbero in testa a pensarci un anno.'
    Renzo abbracciò molto volentieri questo parere;
Lucia l'approvò; e Agnese, superba d'averlo dato,
levò, a una a una, le povere bestie dalla stìa, riunì
le loro otto gambe, come se facesse un mazzetto
15 di fiori, le avvolse e le strinse con uno spago, e
le consegnò in mano a Renzo; il quale, date e rice-
vute parole di speranza, uscì dalla parte dell'orto,
per non esser veduto da'ragazzi, che gli correrebber
dietro, gridando: lo sposo! lo sposo! Così, attra-
20 versando i campi, se n'andò per viottole, fremendo,
ripensando alla sua disgrazia, e ruminando il discorso da fare al dottor Azzecca-garbugli. Lascio poi
pensare al lettore, come dovessero stare in viaggio
quelle povere bestie, così legate e tenute per le
25 zampe, a capo all'in giù, nella mano d'un uomo il
quale, agitato da tante passioni, accompagnava col
gesto i pensieri che gli passavan a tumulto per la
mente.   Ora stendeva il braccio per collera, ora l'alzava per disperazione, ora lo dibatteva in aria, come
30 per minaccia, e, in tutti i modi, dava loro di fiere
scosse, e faceva balzare quelle quattro teste spenzo-
late; le quali intanto s'ingegnavano a beccarsi l'una
con l'altra, come accade troppo sovente tra compagni di sventura.
35 Giunto al borgo, domandò del'abitazione del dottore; gli fu indicata, e v'andò. All'entrare, si sentì

preso da quella suggezione che i poverelli illetterati provano in vicinanza d'un signore e d'un dotto, e dimenticò tutti i discorsi che aveva preparati; ma diede un'occhiata ai capponi, e si rincorò. Entrato in cucina, domandò alla serva, se si poteva parlare al signor dottore. Adocchiò essa le bestie, e, come avvezza a somiglianti doni, mise loro le mani addosso, quantunque Renzo andasse tirando indietro, perchè voleva che il dottore vedesse e sapesse ch'egli portava qualche cosa. Capitò appunto mentre la donna diceva: 'date qui, e andate innanzi.' Renzo fece un grand'inchino: il dottore l'accolse umanamente, con un 'venite, figliuolo,' e lo fece entrar con sè nello studio. Era questo uno stanzone, su tre pareti del quale eran distribuiti i ritratti de'dodici Cesari; la quarta coperta da un grande scaffale di libri vecchi e polverosi: nel mezzo, una tavola gremita d'allegazioni, di suppliche, di libelli, di gride, con tre o quattro seggiole all'intorno, e da una parte un seggiolone a bracciuoli, con una spalliera alta e quadrata, terminata agli angoli da due ornamenti di legno, che s'alzavano a foggia di corna, coperta di vacchetta, con grosse borchie, alcune delle quali, cadute da gran tempo, lasciavano in libertà gli angoli della copertura, che s'accartocciava qua e là. Il dottore era in veste da camera, cioè coperto d'una toga ormai consunta, che gli aveva servito, molt'anni addietro, per perorare, ne'giorni d'apparato, quando andava a Milano, per qualche causa d'importanza. Chiuse l'uscio, e fece animo al giovine, con queste parole: 'figliuolo, ditemi il vostro caso.'

'Vorrei dirle una parola in confidenza.'

'Son qui,' rispose il dottore: 'parlate.' E s'accomodò sul seggiolone. Renzo, ritto davanti alla tavola, con una mano nel cocuzzolo del cappello, che

c

faceva girar con l'altra, ricominciò: 'vorrei sapere
da lei che ha studiato . . . .'

'Ditemi il fatto come sta,' interruppe il dottore.

'Lei m'ha da scusare: noi altri poveri non sap-
5 piamo parlár bene.   Vorrei dunque sapere . . . .'

'Benedetta gente! siete tutti così: in vece di raccontar il fatto, volete interrogare, perchè avete già i
vostri disegni in testa.'

'Ma mi scusi; lei non m'ha dato tempo: ora le rac-
10 conterò la cosa com'è.   Sappia dunque ch'io dovevo
sposare oggi,' e qui la voce di Renzo si commosse,
'dovevo sposare oggi una giovine, alla quale discor-
revo, fin da quest'estate ; e oggi era il giorno stabilito
col signor curato, e s'era disposto ogni cosa.   Ecco
15 che il signor curato comincia a cavar fuori certe
scuse . . . .   basta, per non tediarla, io l'ho fatto
parlar chiaro, com'era giusto; e lui m'ha confessato
che gli era stato proibito, pena la vita, di far questo
matrimonio.   Quel prepotente di don Rodrigo . . . .'

20 'Eh via!' interruppe subito il dottore, aggrottando
le ciglia, aggrinzando il naso rosso, e storcendo la
bocca, 'eh via!   Che mi venite a rompere il capo con
queste fandonie?   Fate di questi discorsi tra voi altri,
che non sapete misurar le parole ; e non venite a farli
25 con un galantuomo che sa quanto valgono.   Andate, andate; non sapete quel che vi dite : io non
m'impiccio con ragazzi ; non voglio sentir discorsi di
questa sorte, discorsi in aria.'

'Le guiro . . . .'

30 'Andate, vi dico : che volete ch'io faccia de' vostri
giuramenti?   Io non c'entro: me ne lavo le mani.'
E se le andava stropicciando, come se le lavasse
davvero.   'Imparate a parlare : non si viene a sor-
prender così un galantuomo.'

35 'Ma senta, ma senta,' ripeteva indarno Renzo:
il dottore, sempre gridando, lo spingeva con le mani

verso l'uscio; e, quando ve l'ebbe cacciato, aprì, chiamò la serva, e le disse: 'restituite subito a quest' uomo quello che ha portato: io non voglio niente, non voglio niente.'

Quella donna non aveva mai, in tutto il tempo 5 ch'era stata in quella casa, eseguito un ordine simile: ma era stato proferito con una tale risoluzione, che non esitò a ubbidire. Prese le quattro povere bestie, e le diede a Renzo, con un'occhiata di compassione sprezzante, che pareva volesse dire: bisogna che tu 10 l'abbia fatta bella. Renzo voleva far cerimonie; ma il dottore fu inespugnabile; e il giovane, più attonito e più stizzito che mai, dovette riprendersi le vittime rifiutate, e tornar al paese, a raccontar alle donne il bel costrutto della sua spedizione.   15

VII

Le donne, nella sua assenza, dopo essersi trista- mente levate il vestito delle feste e messo quello del giorno di lavoro, si misero a consultar di nuovo, Lucia singhiozzando e Agnese sospirando. Quando questa ebbe ben parlato de' grandi effetti che si dove- 20 vano sperare dai consigli del dottore, Lucia disse che bisognava veder d'aiutarsi in tutte le maniere; che il padre Cristoforo era uomo non solo da consigliare- ma da metter l'opera sua, quando si trattasse di sol- levar poverelli; e che sarebbe una gran bella cosa po- 25 tergli far sapere ciò ch'era accaduto. 'Sicuro,' disse Agnese: e si diedero a cercare insieme la maniera; giacchè andar esse al convento, distante di là forse due miglia, non se ne sentivano il coraggio, in quel giorno: e certo nessun uomo di giudizio gliene avreb- 30 be dato il parere. Ma, nel mentre che bilanciavano i partiti, si sentì un picchietto all'uscio, e nello stesso momento, un sommesso ma distinto '*Deo gratias.*' Lucia, immaginandosi chi poteva essere, corse ad aprire; e subito, fatto un piccolo inchino famigliare,

5 venne avanti un laico cercatore cappuccino, con la sua bisaccia pendente alla spalla sinistra, e tenendone l'imboccatura attortigliata e stretta nelle due mani sul petto.

'Oh fra Galdino!' dissero le due donne.

10 'Il Signore sia con voi,' disse il frate. 'Vengo alla cerca delle noci.'

'Va a prender le noci per i padri,' disse Agnese. Lucia s'alzò, e s'avviò all'altra stanza, ma, prima d'entrarvi si trattenne dietro le spalle di fra Galdino,

15 che rimaneva diritto nella medesima positura; e, mettendo il dito alla bocca, diede alla madre un'occhiata che chiedeva il segreto, con tenerezza, con supplicazione, e anche con una certa autorità.

Il cercatore, sbirciando Agnese così da lontano,

20 disse: 'e questo matrimonio? Si doveva pure far oggi: ho veduto nel paese una certa confusione, come se ci fosse una novità. Cos'è stato?'

'Il signor curato è ammalato, e bisogna differire,' rispose in fretta la donna. Se Lucia non faceva

25 quel segno, la risposta sarebbe probabilmente stata diversa. 'E come va la cerca?' soggiunse poi, per mutar discorso.

'Poco bene, buona donna, poco bene. Le son tutte qui.' E, così dicendo, si levò la bisaccia d'addosso, e

30 la fece saltar tra le due mani. 'Son tutte qui; e, per mettere insieme questa bella abbondanza, ho dovuto picchiare a dieci porte.'

'Ma! le annate vanno scarse, fra Galdino; e, quando s'ha a misurar il pane, non si può allargar la

35 mano nel resto.'

'E per far tornare il buon tempo, che rimedio c'è,

la mia donna? L' elemosina. Sapete di quel miracolo delle noci, che avvenne, molt' anni sono, in quel nostro convento di Romagna?'

'No, in verità; raccontatemelo un poco.'

'Oh! dovete dunque sapere che, in quel convento, 5 c'era un nostro padre, il quale era un santo, e si chiamava il padre Macario. Un giorno d'inverno, passando per una viottola, in un campo d'un nostro benefattore, uomo dabbene anche lui, il padre Macario vide questo benefattore vicino a un suo 10 gran noce; e quattro contadini, con le zappe in aria, che principiavano a scalzar la pianta, per metterle le radici al sole.—Che fate voi a quella povera pianta? domandò il padre Macario.—Eh! padre, son anni e anni che la non mi vuol far noci; e io ne faccio legna. 15 —Lasciatela stare, disse il padre: sappiate che, quest' anno, la farà più noci che foglie. Il benefattore, che sapeva chi era colui che aveva detta quella parola, ordinò subito ai lavoratori, che gettasser di nuovo la terra sulle radici; e, chiamato il padre, che 20 continuava la sua strada,—padre Macario, gli disse, la metà della raccolta sarà per il convento. Si sparse la voce della predizione; e tutti correvano a guardare il noce. In fatti, a primavera, fiori a bizzeffe, e, a suo tempo, noci a bizzeffe. Il buon benefattore non 25 ebbe la consolazione di bacchiarle; perchè andò, prima della raccolta, a ricevere il premio della sua carità. Ma il miracolo fu tanto più grande, come sentirete. Quel brav' uomo aveva lasciato un figliuolo di stampa ben diversa. Or dunque, alla raccolta, 30 il cercatore andò per riscotere la metà ch'era dovuta al convento; ma colui se ne fece nuovo affatto, ed ebbe la temerità di rispondere che non aveva mai sentito dire che i cappuccini sapessero far noci. Sapete ora cosa avvenne? Un giorno, (sentite questa) 35 lo scapestrato aveva invitato alcuni suoi amici dello

stesso pelo, e, gozzovigliando, raccontava la storia
del noce, e rideva de'frati. Que'giovinastri ebber
voglia d'andar a vedere quello sterminato mucchio
di noci; e lui li mena su in granaio. Ma sentite:
5 apre l'uscio, va verso il cantuccio dov'era stato
riposto il gran mucchio, e mentre dice: guardate,
guarda egli stesso e vede . . . . che cosa? Un bel
mucchio di foglie secche di noce. Fu un esempio
questo?   E il convento, in vece di scapitare, ci gua-
10 dagnò; perchè, dopo un così gran fatto, la cerca delle
noci rendeva tanto, tanto, che un benefattore, mosso
a compassione del povero cercatore, fece al convento
la carità d'un asino, che aiutasse a portar le noci a
casa. E si faceva tant'olio, che ogni povero veniva
15 a prenderne, secondo il suo bisogno; perchè noi siam
come il mare, che riceve acqua da tutte le parti, e la
torna a distribuire a tutti i fiumi.'

Qui ricomparve Lucia, col grembiule così carico di
noci, che lo reggeva a fatica, tenendone le due cocche
20 in alto, con le braccia tese e allungate.   Mentre fra
Galdino, levatasi di nuovo la bisaccia, la metteva giù,
e ne scioglieva la bocca, per introdurvi l'abbondante
elemosina, la madre fece un volto attonito e severo
a Lucia, per la sua prodigalità; ma Lucia le diede
25 un'occhiata, che voleva dire: mi giustificherò. Fra
Galdino proruppe in elogi, in auguri, in promesse,
in ringraziamenti, e, rimessa la bisaccia al posto,
s'avviava. Ma Lucia, richiamatolo, disse: 'vorrei
un servizio da voi; vorrei che diceste al padre
30 Cristoforo, che ho gran premura di parlargli, e
che mi faccia la carità di venir da noi poverette,
subito subito; perchè non possiamo andar noi alla
chiesa.'

'Non volete altro? Non passerà un'ora che il
35 padre Cristoforo saprà il vostro desiderio.'

'Mi fido.'

Non dubitate.' E così detto, se n'andò, un po'più curvo e più contento, di quel che fosse venuto.

Al vedere che una povera ragazza mandava a chiamare, con tanta confidenza, il padre Cristoforo, e che il cercatore accettava la commissione, senza maraviglia e senza difficoltà, nessun si pensi che quel Cristoforo fosse un frate di dozzina, una cosa da strapazzo. Era anzi uomo di molta autorità, presso i suoi, e in tutto il contorno; ma tale era la condizione de'cappuccini, che nulla pareva per loro troppo basso, nè troppo elevato. Servir gl'infimi, ed esser servito da' potenti, entrar ne'palazzi e ne'tuguri, con lo stesso contegno d'umiltà e di sicurezza, esser talvolta, nella stessa casa, un soggetto di passatempo, e un personaggio senza il quale non si decideva nulla, chieder l'elemosina per tutto, e farla a tutti quelli che la chiedevano al convento, a tutto era avvezzo un cappuccino. Andando per la strada, poteva ugualmente abbattersi in un principe che gli baciasse riverentemente la punta del cordone, o in una brigata di ragazzacci che fingendo d'esser alle mani tra loro, gl'inzaccherassero la barba di fango. La parola 'frate' veniva, in que'tempi, proferita col più gran rispetto, e col più amaro disprezzo: e i cappuccini, forse più d'ogni altr'ordine, eran oggetto de'due opposti sentimenti, e provavano le due opposte fortune; perchè, non possedendo nulla, portando un abito più stranamente diverso dal comune, facendo più aperta professione d'umiltà, s'esponevan più da vicino alla venerazione e al vilipendio che queste cose possono attirare da'diversi umori, e dal diverso pensare degli uomini.

Partito fra Galdino, 'tutte quelle noci!' esclamò Agnese: 'in quest'anno!'

'Mamma, perdonatemi,' rispose Lucia; 'ma, se avessimo fatta un'elemosina come gli altri, fra Gal-

dino avrebbe dovuto girare ancora, Dio sa quanto,
prima d'aver la bisaccia piena; Dio sa quando
sarebbe tornato al convento; e, con le ciarle che
avrebbe fatte e sentite, Dio sa se gli sarebbe rimasto
5 in mente . . . .'

'Hai pensato bene; e poi è tutta carità che porta
sempre buon frutto,' disse Agnese, la quale, co'suoi
difettucci, era una gran buona donna, e si sarebbe,
come si dice, buttata nel fuoco per quell'unica figlia,
10 in cui aveva riposta tutta la sua compiacenza.

In questa, arrivò Renzo, ed entrando con un volto
dispettoso insieme e mortificato, gettò i capponi sur
una tavola: e fu questa l'ultima trista vicenda delle
povere bestie, per quel giorno.

15 'Bel parere che m'avete dato!' disse ad Agnese.
'M'avete mandato da un buon galantuomo, da uno
che aiuta veramente i poverelli!' E raccontò il suo
abboccamento col dottore. La donna, stupefatta di
così trista riuscita, voleva mettersi a dimostrare che
20 il parere però era buono, e che Renzo non doveva
aver saputo far la cosa come andava fatta; ma Lucia
interruppe quella questione, annunziando che sperava
d'aver trovato un aiuto migliore. Renzo accolse
anche questa speranza, come accade a quelli che sono
25 nella sventura e nell'impiccio. 'Ma, se il padre,'
disse, 'non ci trova un ripiego, lo troverò io, in un
modo o nell'altro.'

Le donne consigliaron la pace, la pazienza, la
prudenza. 'Domani,' disse Lucia, 'il padre Cristo-
30 foro verrà sicuramente; e vedrete che troverà qualche
rimedio, di quelli che noi poveretti non sappiam
nemmeno immaginare.'

'Lo spero'; disse Renzo; 'ma in ogni caso, saprò
farmi ragione, o farmela fare. A questo mondo c'è
35 giustizia finalmente.'

Co' dolorosi discorsi, e con le andate e venute che

si son riferite, quel giorno era passato; e cominciava a imbrunire.

'Buona notte,' disse tristamente Lucia a Renzo, il quale non sapeva risolversi d'andarsene.

'Buona notte,' rispose Renzo, ancor più trista- 5 mente.

'Qualche santo ci aiuterà,' replicò Lucia; 'usate prudenza, e rassegnatevi.'

La madre aggiunse altri consigli dello stesso genere; e lo sposo se n'andò, col cuore in tempesta, ripetendo 10 sempre quelle strane parole: 'a questo mondo c'è giustizia, finalmente!' Tant'è vero che un uomo sopraffatto dal dolore non sa più quel che si dica.

VIII

Il sole non era ancor tutto apparso sull'orizzonte, quando il padre Cristoforo uscì dal suo convento di 15 Pescarenico, per salire alla casetta dov'era aspettato. È Pescarenico una terricciola, sulla riva sinistra dell' Adda, o vogliam dire del lago, poco discosto dal ponte: un gruppetto di case, abitate la più parte da pescatori, e addobbate qua e là di tramagli e di reti tese ad 20 asciugare. Il convento era situato (e la fabbrica ne sussiste tuttavia) al di fuori, e in faccia all'entrata della terra con di mezzo la strada che da Lecco conduce a Bergamo. Il cielo era tutto sereno: di mano in mano che il sole s'alzava dietro il monte, si vedeva 25 la sua luce, dalle sommità de'monti opposti, scendere, come spiegandosi rapidamente, giù per i pendii, e nella valle. Un venticello d'autunno, staccando da' rami le foglie appassite del gelso, le portava a cadere, qualche passo distante dall'albero. A destra e a 30 sinistra, nelle vigne, sui tralci ancor tesi, brillavan le

foglie rosseggianti a varie tinte ; e la terra lavorata
di fresco, spiccava bruna e distinta ne' campi di stoppie
biancastre e luccicanti dalla guazza. La scena era
lieta ; ma ogni figura d'uomo che vi apparisse, rat-
5 tristava lo sguardo e il pensiero. Ogni tanto, s'incon-
travano mendichi laceri e macilenti, o invecchiati nel
mestiere, o spinti allora dalla necessità a tender la
mano. Passavano zitti accanto al padre Cristoforo,
lo guardavano pietosamente, e, benchè non avesser
10 nulla a sperar da lui, giacchè un cappuccino non toccava mai moneta, gli facevano un inchino di ringraziamento, per l'elemosina che avevan ricevuta, o che
andavano a cercare al convento. Lo spettacolo de'
lavoratori sparsi ne' campi, aveva qualcosa d'ancor
15 più doloroso. Alcuni andavan gettando le lor sementi,
rade, con risparmio, e a malincuore, come chi arrischia cosa che troppo gli preme ; altri spingevan la
vanga come a stento, e rovesciavano svogliatamente
la zolla. La fanciulla scarna, tenendo per la corda al
20 pascolo la vaccherella magra stecchita, guardava innanzi, e si chinava in fretta, a rubarle, per cibo della
famiglia, qualche erba, di cui la fame aveva insegnato
che anche gli uomini potevan vivere. Questi spettacoli accrescevano, a ogni passo, la mestizia del
25 frate, il quale camminava già col tristo presentimento
in cuore, d'andar a sentire qualche sciagura.

Arrivato che fu alla casa, si fermò ritto alla soglia,
e, appena ebbe data un'occhiata alle donne, dovette
accorgersi che i suoi presentimenti non eran falsi.
30 Onde, con quel tono d'interrogazione che va incontro
a una trista risposta, alzando la barba con un moto
leggiero della testa all'indietro, disse : 'ebbene?'
Lucia rispose con uno scoppio di pianto. La madre
cominciava a far le scuse d'aver osato . . . . ma il
35 frate s'avanzò, e, messosi a sedere sur un panchetto
a tre piedi, troncò i complimenti, dicendo a Lucia :

'quietatevi, povera figliuola. E voi,' disse poi ad Agnese, 'raccontatemi cosa c'è !' Mentre la buona donna faceva alla meglio la sua dolorosa relazione, il frate diventava di mille colori, e ora alzava gli occhi al cielo, ora batteva i piedi. Terminata la storia, si 5 coprì il volto con le mani, ed esclamò: 'o Dio benedetto! fino a quando . . . . !' Ma, senza compir la frase, voltandosi di nuovo alle donne: 'poverette!' disse: 'Dio vi ha visitate. Povera Lucia!'

'Non ci abbandonerà, padre?' disse questa, sin- 10 ghiozzando.

'Abbandonarvi!' rispose, 'E con che faccia potrei io chieder a Dio qualcosa per me, quando v'avessi abbandonata? voi in questo stato! voi, ch'Egli mi confida! Non vi perdete d'animo: Egli v'assisterà: 15 Egli vede tutto: Egli può servirsi anche d'un uomo da nulla come son io per confondere un . . . . Vediamo, pensiamo quel che si possa fare.'

Così dicendo appoggiò il gomito sinistro sul ginocchio, chinò la fronte nella palma, e con la destra 20 strinse la barba e il mento come per tener ferme e unite tutte le potenze dell'animo. Ma la più attenta considerazione non serviva che a fargli scorgere più distintamente quanto il caso fosse pressante e intrigato, e quanto scarsi, quanto incerti e pericolosi i 25 ripieghi.—Mettere un po' di vergogna a don Abbondio, e fargli sentire quanto manchi al suo dovere? Vergogna e dovere sono un nulla per lui, quando ha paura. E fargli paura? Che mezzi ho io mai di fargliene una che superi quella che ha d'una schio- 30 pettata? Informar di tutto il cardinale arcivescovo, e invocar la sua autorità? Ci vuol tempo: e intanto? e poi? Quand'anche questa povera innocente fosse maritata, sarebbe questo un freno per quell'uomo? Chi sa a qual segno possa arrivare? . . . . E resis- 35 tergli? Come? Ah! se potessi, pensava il povero

frate, se potessi tirar dalla mia i miei frati di qui,
que' di Milano ! Ma ! non è un affare comune ; sarei
abbandonato.   Costui fa l'amico del convento, si
spaccia per partigiano de' cappuccini : e i suoi bravi
5 non son venuti più d'una volta a ricoverarsi da noi ?
Sarei solo in ballo ; mi buscherei anche dell' inquieto,
dell' imbroglione, dell' accattabrighe ; e, quel ch'è
più, potrei fors' anche, con un tentativo fuor di
tempo, peggiorar la condizione di questa poveretta.
10 —Contrapesato il pro e il contro di questo e di quel
partito, il migliore gli parve d' affrontar don Rodrigo
stesso, tentar di smoverlo dal suo infame proposito,
con le preghiere, coi terrori dell' altra vita, anche di
questa, se fosse possibile.   Alla peggio, si potrebbe
15 almeno conoscere, per questa via, più distintamente
quanto colui fosse ostinato nel suo sporco impegno,
scoprir di più le sue intenzioni, o prender consiglio
da ciò.

Mentre il frate stava così meditando, Renzo, il
20 quale, per tutte le ragioni che ognun può indovinare,
non sapeva star lontano da quella casa, era comparso
sull' uscio ; ma, visto il padre sopra pensiero, e le
donne che facevan cenno di non disturbarlo, si fermò
sulla soglia, in silenzio.   Alzando la faccia, per comu-
25 nicare alle donne il suo progetto, il frate s' accorse di
lui, e lo salutò in un modo ch' esprimeva un' affezione
consueta, resa più intensa dalla pietà.

'Le hanno detto . . . . padre ? ' gli domandò Renzo
con voce commossa.
30   'Pur troppo : e per questo son qui.'

'Che dice di quel birbone . . . . ?'

'Che vuoi ch' io dica di lui ?   Non è qui a sentire :
che gioverebbero le mie parole ?   Dico a te, il mio
Renzo, che tu confidi in Dio, e che Dio non t' abban-
35 donerà.'

'Benedette le sue parole ! ' esclamò il giovane.

'Lei non è di quelli che dan sempre torto a'poveri. Ma il signor curato, e quel signor dottor . . . .'

'Non rivangare quello che non può servire ad altro che a inquietarti inutilmente. Io sono un povero frate; ma ti ripeto quel che ho detto a queste donne: per quel poco che posso, non v'abbandonerò.'

'Oh lei, non è come gli amici del mondo! Ciarloni! Chi avesse creduto alle proteste che mi facevan costoro, nel buon tempo; eh eh! Eran pronti a dare il sangue per me; m'avrebbero sostenuto contro il diavolo. S'io avessi avuto un nemico? . . . . bastava che mi lasciassi intendere; avrebbe finito presto di mangiar pane. E ora, se vedesse come si ritirano . . . .' A questo punto, alzando gli occhi al volto del padre, vide che s'era tutto rannuvolato, e s'accorse d'aver detto ciò che conveniva tacere. Ma volendo raccomodarla, s'andava intrigando e imbrogliando: 'volevo dire . . . . non intendo dire . . . . cioè, volevo dire . . . .'

'Cosa volevi dire? E che? tu avevi dunque cominciato a guastar l'opera mia, prima che fosse intrapresa! Buon per te che sei stato disingannato in tempo. Che! tu andavi in cerca d'amici . . . . quali amici! . . . . che non t'avrebber potuto aiutare, neppur volendo! E cercavi di perder Quel solo che lo può e lo vuole! Non sai tu che Dio è l'amico de'tribolati, che confidano in Lui? Non sai tu che, a metter fuori l'unghie, il debole non ci guadagna? E quando pure . . . .' A questo punto, afferrò fortemente il braccio di Renzo: il suo aspetto, senza perder d'autorità, s'atteggiò d'una compunzione solenne, gli occhi s'abbassarono, la voce divenne lenta e come sotterranea: 'quando pure . . . . è un terribile guadagno! Renzo! vuoi tu confidare in me? . . . . che dico in me, omicciattolo, fraticello? Vuoi tu confidare in Dio?'

'Oh sì!' rispose Renzo. 'Quello è il Signore davvero.'

'Ebbene; prometti che non affronterai, che non provocherai nessuno, che ti lascerai guidar da me.'

5 'Lo prometto.'

Lucia fece un gran respiro, come se le avesser levato un peso d'addosso; e Agnese disse: 'bravo figliuolo.'

'Sentite, figliuoli,' riprese fra Cristoforo: 'io anderò oggi a parlare a quell'uomo. Se Dio gli tocca il
10 cuore, e dà forza alle mie parole, bene: se no, Egli ci farà trovare qualche altro rimedio. Voi intanto, statevi quieti, ritirati, scansate le ciarle, non vi fate vedere. Stasera, o domattina al più tardi, mi rivedrete.' Detto questo, troncò tutti i ringraziamenti
15 e le benedizioni, e partì. S'avviò al convento, arrivò a tempo d'andare in coro a cantar sesta, desinò, e si mise subito in cammino, verso il covile della fiera che voleva provarsi d'ammansare.

IX

Il palazzotto di don Rodrigo sorgeva isolato, a
20 somiglianza d'una bicocca, sulla cima d'uno de poggi ond'è sparsa e rilevata quella costiera. Il luogo era più in su del paesello degli sposi, discosto da questo forse tre miglia, e quattro dal convento. Appiè del poggio, dalla parte che guarda a mezzo-
25 giorno, e verso il lago, giaceva un mucchietto di casupole, abitate da contadini di don Rodrigo; ed era come la piccola capitale del suo piccol regno. Bastava passarvi, per esser chiarito della condizione e de' costumi del paese. Dando un' occhiata nelle
30 stanze terrene, dove qualche uscio fosse aperto, si

vedevano attaccati al muro schioppi, tromboni,
zappe, rastrelli, cappelli di paglia, reticelle e fias-
chetti da polvere, alla rinfusa. La gente che vi
s'incontrava erano omacci tarchiati e arcigni, con un
gran ciuffo arrovesciato sul capo, e chiuso in una 5
reticella; vecchi che, perdute le zanne, parevan
sempre pronti, chi nulla nulla gli aizzasse, a digrignar
le gengive; donne con certe facce maschie, e con
certe braccia nerborute, buone da venire in aiuto
della lingua, quando questa non bastasse: ne' sem- 10
bianti e nelle mosse de' fanciulli stessi, che giocavan
per la strada, si vedeva un non so che di petulante e
di provocativo.

Fra Cristoforo attraversò il villaggio, salì per una
viuzza a chiocciola, e pervenne sur una piccola spia- 15
nata, davanti al palazzotto. La porta era chiusa, segno
che il padrone stava desinando, e non voleva essere
frastornato. Le rade e piccole finestre che davan sulla
strada, chiuse da imposte sconnesse e consunte dagli
anni, eran però difese da grosse inferriate, e quelle del 20
pian terreno tant' alte che appena vi sarebbe arrivato
un uomo sulle spalle d'un altro.—Regnava quivi un
gran silenzio; e un passeggiero avrebbe potuto credere
che fosse una casa abbandonata, se quattro creature,
due vive e due morte, collocate in simmetria, di fuori, 25
non avesser dato un indizio d'abitanti. Due grand' a-
voltoi, con l'ali spalancate, e co' teschi penzoloni, l'uno
spennacchiato e mezzo roso dal tempo, l'altro ancor
saldo e pennuto, erano inchiodati, ciascuno sur un
battente del portone; e due bravi, sdraiati, ciascuno 30
sur una delle panche poste a destra e a sinistra, facevano la guardia, aspettando d' esser chiamati a goder
gli avanzi della tavola del signore. Il padre si fermò
ritto, in atto di chi si dispone ad aspettare; ma un
de' bravi s' alzò, e gli disse: 'padre, padre, venga pure 35
avanti: qui non si fanno aspettare i cappuccini: noi

siamo amici del convento : e io ci sono stato in certi
momenti che fuori non era troppa buon'aria per me ;
e se mi avesser tenuta la porta chiusa, la sarebbe
andata male.' Così dicendo, diede due picchi col
5 martello. A quel suono risposer subito di dentro gli
urli e le strida di mastini e di cagnolini ; e, pochi
momenti dopo, giunse borbottando un vecchio servitore ; ma, veduto il padre, gli fece un grand'inchino,
acquietò le bestie, con le mani e con la voce, introdusse
10 l'ospite in un angusto cortile, e richiuse la porta.
Accompagnatolo poi in un salotto, e guardandolo con
una cert'aria di maraviglia e di rispetto, disse : 'non
è lei . . . . il padre Cristoforo di Pescarenico?'
'Per l'appunto.'
15 'Lei qui?'
'Come vedete, buon uomo.'
'Sarà per far del bene. Del bene,' continuò mor-
morando tra i denti, e rincamminandosi, 'se ne può
far per tutto.' Attraversati due o tre altri salotti
20 oscuri, arrivarono all'uscio della sala del convito.
Quivi un gran frastuono confuso di forchette, di
coltelli, di bicchieri, di piatti, e sopra tutto di voci
discordi, che cercavano a vicenda di soverchiarsi.
Il frate voleva ritirarsi, e stava contrastando dietro
25 l'uscio col servitore, per ottenere d'esser lasciato in
qualche canto della casa, fin che il pranzo fosse
terminato ; quando l'uscio s'aprì. Un certo conte
Attilio, che stava seduto in faccia (era un cugino del
padron di casa ; e abbiam già fatta menzione di lui,
30 senza nominarlo), veduta una testa rasa e una tonaca,
e accortosi dell'intenzione modesta del buon frate,
'ehi ! ehi!' gridò : 'non ci scappi, padre riverito :
avanti, avanti.' Don Rodrigo, senza indovinar pre-
cisamente il soggetto di quella visita, pure, per non so
35 qual presentimento confuso, n'avrebbe fatto di meno.
L'avrebbe mandato a spasso volentieri ; ma conge-

dare un cappuccino, senza avergli dato udienza, non era secondo le regole della sua politica. Poichè la seccatura non si poteva scansare, si risolvette d'affrontarla subito, e di liberarsene; s'alzò da tavola, s'avvicinò, in atto contegnoso, al frate; gli 5 disse: 'eccomi a'suoi comandi'; e lo condusse in un'altra sala.

'In che posso ubbidirla?' disse don Rodrigo, piantandosi in piedi nel mezzo della sala. Il suono delle parole era tale; ma il modo con cui eran 10 proferite, voleva dir chiaramente, bada a chi sei davanti, pesa le parole, e sbrigati.

Per dar coraggio al nostro fra Cristoforo, non c'era mezzo più sicuro e più spedito, che prenderlo con maniera arrogante. Egli che stava sospeso, cercando 15 le parole, e facendo scorrere tra le dita le ave marie della corona che teneva a cintola, come se in qual- cheduna di quelle sperasse di trovare il suo esordio; a quel fare di don Rodrigo, si sentì subito venir sulle labbra più parole del bisogno. Ma pensando quanto 20 importasse di non guastare i fatti suoi o, ciò ch'era assai più, i fatti altrui, corresse e temperò le frasi che gli si eran presentate alla mente, e disse, con guardinga umiltà: 'vengo a proporle un atto di giustizia, a pregarla d'una carità. Cert'uomini di mal affare 25 hanno messo innanzi il nome di vossignoria illus- trissima, per far paura a un povero curato, e impedirgli di compire il suo dovere, e per soverchiare due inno- centi. Lei può, con una parola, confonder coloro, restituire al diritto la sua forza, e sollevar quelli a cui 30 è fatta una così crudel violenza. Lo può; e potendolo . . . . la coscienza, l'onore . . . . '

'Lei mi parlerà della mia coscienza, quando ver- rò a confessarmi da lei. In quanto al mio onore, ha da sapere che il custode ne son io, e io solo; 35 e che chiunque ardisce entrare a parte con me

D

di questa cura, lo riguardo come il temerario che l'offende.'

Fra Cristoforo, avvertito da queste parole che quel signore cercava di tirare al peggio le sue, per volgere
5 il discorso in contesa, e non dargli luogo di venire alle strette, s'impegnò tanto più alla sofferenza, risolvette di mandar giù qualunque cosa piacesse all'altro di dire, e rispose subito, con un tono sommesso: 'se ho detto cosa che le dispiaccia, è stato
10 certamente contro la mia intenzione. Mi corregga pure, mi riprenda, se non so parlare come si conviene; ma si degni ascoltarmi. Per amor del cielo, per quel Dio, al cui cospetto dobbiam tutti comparire . . . .' e, così dicendo, aveva preso tra le dita, e metteva davanti
15 agli occhi del suo accigliato ascoltatore il teschietto di legno attaccato alla sua corona, 'non s'ostini a negare una giustizia così facile, e così dovuta a de' poverelli. Pensi che Dio ha sempre gli occhi sopra di loro, e che le loro grida, i loro gemiti sono ascoltati
20 lassù. L'innocenza è potente al suo . . . .'

'Eh, padre!' interruppe bruscamente don Rodrigo: 'il rispetto ch'io porto al suo abito è grande: ma se qualche cosa potesse farmelo dimenticare, sarebbe il vederlo indosso a uno che ardisse di venire a farmi la
25 spia in casa.'

Questa parola fece venir le fiamme sul viso del frate: il quale però, col sembiante di chi inghiottisce una medicina molto amara, riprese: 'lei non crede che un tal titolo mi si convenga. Lei sente in cuor suo,
30 che il passo ch'io fo ora qui, non è nè vile nè spregevole. M'ascolti, signor don Rodrigo; e voglia il cielo che non venga un giorno in cui si penta di non avermi ascoltato. Non voglia metter la sua gloria . . . . qual gloria, signor don Rodrigo! qual gloria dinanzi
35 agli uomini! E dinanzi a Dio! Lei può molto quaggiù; ma . . . .'

'Sa lei,' disse don Rodrigo, interrompendo, con istizza, ma non senza qualche raccapriccio, 'sa lei che, quando mi viene lo schiribizzo di sentire una predica, so benissimo andare in chiesa, come fanno gli altri? Ma in casa mia! Oh!' e continuò, con un 5 sorriso forzato di scherno: 'lei mi tratta da più di quel che sono. Il predicatore in casa! Non l'hanno che i principi.'

'E quel Dio che chiede conto ai principi della parola che fa loro sentire, nelle loro regge; quel Dio 10 che le usa ora un tratto di misericordia, mandando un suo ministro, indegno e miserabile, ma un suo ministro, a pregar per una innocente . . . .'

'In somma, padre,' disse don Rodrigo, facendo atto d'andarsene, 'io non so quel che lei voglia dire: non 15 capisco altro se non che ci dev'essere qualche fanciulla che le preme molto. Vada a far le sue confidenze a chi le piace; e non si prenda la libertà d'infastidir più a lungo un gentiluomo.'

Al moversi di don Rodrigo, il nostro frate gli s'era 20 messo davanti, ma con gran rispetto; e, alzate le mani, come per supplicare e per trattenerlo ad un punto, rispose ancora: 'la mi preme, è vero, ma non più di lei; son due anime che, l'una e l'altra, mi premon più del mio sangue. Don Rodrigo! io non 25 posso far altro per lei, che pregar Dio; ma lo farò ben di cuore. Non mi dica di no: non voglia tener nell'angoscia e nel terrore una povera innocente. Una parola di lei può far tutto.'

'Ebbene,' disse don Rodrigo, 'giacchè lei crede 30 ch'io possa far molto per questa persona; giacchè questa persona le sta tanto a cuore . . . .'

'Ebbene?' riprese ansiosamente il padre Cristoforo, al quale l'atto e il contegno di don Rodrigo non permettevano d'abbandonarsi alla speranza che 35 parevano annunziare quelle parole.

'Ebbene, la consigli di venire a mettersi sotto la mia protezione. Non le mancherà più nulla, e nessuno ardirà d'inquietarla, o ch'io non son cavaliere.'

A siffatta proposta, l'indegnazione del frate, rat-
5 tenuta a stento fin allora, traboccò.   Tutti que'bei proponimenti di prudenza e di pazienza andarono in fumo. 'La vostra protezione !' esclamò, dando indietro due passi, postandosi fieramente sul piede destro, mettendo la destra sull'anca, alzando la
10 sinistra con l'indice teso verso don Rodrigo, e piantandogli in faccia due occhi infiammati : 'la vostra protezione ! È meglio che abbiate parlato così, che abbiate fatta a me una tale proposta.   Avete colmata la misura ; e non vi temo più.'
15   'Come parli, frate ? . . . .

'Parlo come si parla a chi è abbandonato da Dio ; e non può più far paura.   La vostra protezione ! Sapevo bene che quella innocente è sotto la protezione di Dio ; ma voi, voi me lo fate sentire ora, con tanta
20 certezza, che non ho più bisogno di riguardi a parlarvene.   Lucia, dico ; vedete come io pronunzio questo nome con la fronte alta, e con gli occhi immobili.'

'Come ! in questa casa . . . . !'

'Ho compassione di questa casa : la maledizione le
25 sta sopra sospesa.   State a vedere che la giustizia di Dio avrà riguardo a quattro pietre, e suggezione di quattro sgherri.   Voi avete creduto che Dio abbia fatta una creatura a sua immagine, per darvi il piacere di tormentarla !   Voi avete creduto che Dio
30 non saprebbe difenderla !   Voi avete disprezzato il suo avviso !   Vi siete giudicato.   Il cuore di Faraone era indurito quanto il vostro ; e Dio ha saputo spezzarlo. Lucia è sicura da voi ; ve lo dico io povero frate ; e in quanto a voi, sentite bene quel ch'io vi prometto.
35 Verrà un giorno . . . . '

Don Rodrigo era fin allora rimasto tra la rabbia e

la maraviglia, attonito, non trovando parole; ma, quando sentì intonare una predizione, s'aggiunse alla rabbia un lontano e misterioso spavento.

Afferrò rapidamente per aria quella mano minacciosa, e, alzando la voce, per troncar quella dell'infausto profeta, gridò: 'escimi di tra piedi, villano temerario, poltrone incappucciato.' 5

Queste parole così chiare acquietarono in un momento il padre Cristoforo. All'idea di strapazzo e di villania era, nella sua mente, così bene, e da tanto tempo, associata l'idea di sofferenza e di silenzio, che, a quel complimento, gli cadde ogni spirito d'ira e d'entusiasmo, e non gli restò altra risoluzione che quella d'udir tranquillamente ciò che a Don Rodrigo piacesse d'aggiungere. Onde, ritirata placidamente la mano dagli artigli del gentiluomo, abbassò il capo, e rimase immobile, come al cader del vento, nel forte della burrasca, un albero agitato ricompone naturalmente i suoi rami, e riceve la grandine come il ciel la manda. 10 15

'Villano rincivilito!' proseguì don Rodrigo: 'tu tratti da par tuo. Ma ringrazia il saio che ti copre codeste spalle di mascalzone, e ti salva dalle carezze che si fanno a' tuoi pari, per insegnar loro a parlare. Esci con le tue gambe, per questa volta; e la vedremo.' 20

Così dicendo, additò, con impero sprezzante, un uscio in faccia a quello per cui erano entrati; il padre Cristoforo chinò il capo, e se n'andò, lasciando don Rodrigo a misurare, a passi infuriati, il campo di battaglia. 25

X

QUANDO il frate ebbe serrato l'uscio dietro a sè, vide nell'altra stanza dove entrava, un uomo ritirarsi pian piano, strisciando il muro, come per non esser veduto 30

dalla stanza del colloquio; e riconobbe il vecchio
servitore ch'era venuto a riceverlo alla porta di strada.
Era costui in quella casa, forse da quarant'anni, cioè
prima che nascesse don Rodrigo; entratovi al servizio
5 del padre, il quale era stato tutt'un'altra cosa. Morto
lui, il nuovo padrone, dando lo sfratto a tutta la
famiglia, e facendo brigata nuova, aveva però ritenuto
quel servitore, e per esser già vecchio, e perchè, seb-
ben di massime e di costume diverso interamente dal
10 suo, compensava però questo difetto con due qualità:
un'alta opinione della dignità della casa, e una gran
pratica del cerimoniale, di cui conosceva, meglio
d'ogni altro, le più antiche tradizioni, i più minuti
particolari. In faccia al signore, il povero vecchio
15 non si sarebbe mai arrischiato d'accennare, non che
d'esprimere la sua disapprovazione di ciò che vedeva
tutto il giorno: appena ne faceva qualche esclama-
zione, qualche rimprovero tra i denti a'suoi colleghi
di servizio; i quali se ne ridevano, e prendevano
20 anzi piacere qualche volta a toccargli quel tasto,
per fargli dir di più che non avrebbe voluto, e per
sentirlo ricantar le lodi dell'antico modo di vivere
in quella casa. Le sue censure non arrivavano agli
orecchi del padrone che accompagnate dal racconto
25 delle risa che se n'eran fatte; dimodochè riuscivano
anche per lui un soggetto di scherno, senza risenti-
mento. Ne'giorni poi d'invito e di ricevimento, il
vecchio diventava un personaggio serio e d'importanza.

30 Il padre Cristoforo lo guardò, passando, lo salutò,
e seguitava la sua strada; ma il vecchio se gli accostò
misteriosamente, mise il dito alla bocca, e poi, col
dito stesso, gli fece un cenno, per invitarlo a entrar
con lui in un andito buio. Quando furon lì, gli disse
35 sottovoce: 'padre, ho sentito tutto, e ho bisogno di
parlarle.'

'Dite presto, buon uomo.'

'Qui no: guai se il padrone s'avvede .... Ma io so molte cose; e vedrò di venir domani al convento.'

'C'è qualche disegno?'

'Qualcosa per aria c'è di sicuro: già me ne son 5 potuto accorgere. Ma ora starò sull'intesa, e spero di scoprir tutto. Lasci fare a me. Mi tocca a vedere e a sentir cose ....! cose di fuoco! sono in una casa ....! ma io vorrei salvar l'anima mia.'

'Il Signore vi benedica!' e, proferendo sottovoce 10 queste parole, il frate mise la mano sul capo del servitore, che, quantunque più vecchio di lui, gli stava curvo dinanzi, nell'attitudine di un figliuolo. 'Il Signore vi ricompenserà,' proseguì il frate: 'non mancate di venir domani.' 15

'Verrò,' rispose il servitore: 'ma lei vada via subito e .... per amor del cielo .... non mi nomini.' Così dicendo, e guardando intorno, uscì, per l'altra parte dell'andito, in un salotto, che rispondeva nel cortile; e, visto il campo libero, chiamò fuori il buon 20 frate, il volto del quale rispose a quell'ultima parola più chiaro che non avrebbe potuto fare qualunque protesta. Il servitore gli additò l'uscita; e il frate, senza dir altro, partì.

Quell'uomo era stato a sentire all'uscio del suo 25 padrone: aveva fatto bene? E fra Cristoforo faceva bene a lodarlo di ciò? Secondo le regole più comuni e men contraddette, è cosa molto brutta; ma quel caso non poteva riguardarsi come un'eccezione? E ci sono dell'eccezioni alle regole più comuni e men 30 contraddette? Questioni importanti; ma che il lettore risolverà da sè, se ne ha voglia. Noi non intendiamo di dar giudizi: ci basta d'aver dei fatti da raccontare.

Uscito fuori, e voltate le spalle a quella casaccia, 35 fra Cristoforo respirò più liberamente, e s'avviò in

fretta per la scesa, tutto infocato in volto, commosso
e sottosopra, come ognuno può immaginarsi, per quel
che aveva sentito, e per quel che aveva detto. Ma
quella così inaspettata esibizione del vecchio era stata
5 un gran ristorativo per lui : gli pareva che il cielo gli
avesse dato un segno visibile della sua protezione.—
Ecco un filo, pensava, un filo che la provvidenza mi
mette nelle mani. E in quella casa medesima ! E
senza ch'io sognassi neppure di cercarlo ! — Così
10 ruminando, alzò gli occhi verso l'occidente, vide il
sole inclinato, che già già toccava la cima del monte,
e pensò che rimaneva ben poco del giorno. Allora,
benchè sentisse le ossa gravi e fiaccate da vari stra-
pazzi di quella giornata, pure studiò di più il passo,
15 per poter riportare un avviso, qual si fosse, a' suoi
protetti, e arrivar poi al convento, prima di notte :
che era una delle leggi più precise, e più severamente
mantenute del codice cappuccinesco.

Intanto, nella casetta di Lucia, erano stati messi in
20 campo e ventilati disegni, de' quali ci conviene infor-
mare il lettore. Dopo la partenza del frate, i tre
rimasti erano stati qualche tempo in silenzio ; Lucia
preparando tristamente il desinare ; Renzo sul punto
d'andarsene ogni momento, per levarsi dalla vista di
25 lei così accorata, e non sapendo staccarsi ; Agnese
tutta intenta, in apparenza, all'aspo che faceva
girare. Ma, in realtà, stava maturando un progetto ;
e quando le parve maturo, ruppe il silenzio in questi
termini :
30   'Sentite, figliuoli ! Se volete aver cuore e destrezza,
quanto bisogna, se vi fidate di vostra madre,' a quel
vostra Lucia si riscosse, ' io m'impegno di cavarvi di
quest'impiccio, meglio forse, e più presto del padre
Cristoforo, quantunque sia quell' uomo che è.' Lucia
35 rimase lì, e la guardò con un volto ch'esprimeva più
maraviglia che fiducia in una promessa tanto magni-

fica; e Renzo disse subitamente: 'cuore? destrezza? dite, dite pure quel che si può fare.'

'Non è vero,' proseguì Agnese, 'che, se foste maritati, si sarebbe già un pezzo avanti? E che a tutto il resto si troverebbe più facilmente ripiego?' 5

'C'è dubbio?' disse Renzo: 'maritati che fossimo .... tutto il mondo è paese; e, a due passi di qui, sul bergamasco, chi lavora seta è ricevuto a braccia aperte. Sapete quante volte Bortolo mio cugino m'ha fatto sollecitare d'andar là a star con lui, che farei 10 fortuna, com'ha fatto lui; e se non gli ho mai dato retta, gli è .... che serve? perchè il mio cuore era qui. Maritati, si va tutti insieme, si mette su casa là, si vive in santa pace, fuor dell'unghie di questo ribaldo, lontano dalla tentazione di fare uno 15 sproposito. N'è vero, Lucia?'

'Sì,' disse Lucia: 'ma come ....?'

'Come ho detto io,' rispose la madre: 'cuore e destrezza; e la cosa è facile.'

'Facile!' dissero insieme que' due, per cui la cosa 20 era divenuta tanto stranamente e dolorosamente difficile.

'Facile, a saperla fare,' replicò Agnese. 'Ascoltatemi bene, che vedrò di farvela intendere. Io ho sentito dire da gente che sa, e anzi ne ho veduto io 25 un caso, che, per fare un matrimonio, ci vuole bensì il curato, ma non è necessario che voglia; basta che ci sia.'

'Come sta questa faccenda?' domandò Renzo.

'Ascoltate e sentirete. Bisogna aver due testimoni 30 ben lesti e ben d'accordo. Si va dal curato: il punto sta di chiapparlo all'improvviso, che non abbia tempo di scappare. L'uomo dice: signor curato, questa è mia moglie; la donna dice: signor curato, questo è mio marito. Bisogna che il curato senta, che i testi- 35 moni sentano; e il matrimonio è bell'e fatto, sacro-

santo come se l'avesse fatto il papa. Quando le
parole son dette, il curato può strillare, strepitare ; è
inutile ; siete marito e moglie.'

'Possibile?' esclamò Lucia.

5   'Come !' disse Agnese : 'state a vedere che, in trent'
anni che ho passati in questo mondo, prima che
nasceste voi altri, non avrò imparato nulla. La cosa
è tale quale ve la dico ; per segno tale che una mia
amica, che voleva prender uno contro la volontà
10 de' suoi parenti, facendo in quella maniera, ottenne
il suo intento. Il curato, che ne aveva sospetto, stava
all'erta ; ma i due diavoli seppero far così bene, che
lo colsero in un punto giusto, dissero le parole, e furon
marito e moglie : benchè la poveretta se ne pentì poi,
15 in capo a tre giorni.'

'Se fosse vero, Lucia !' disse Renzo, guardandola
con un'aria d'aspettazione supplichevole.

'Come ! se fosse vero !' disse Agnese. 'Anche voi
credete ch'io dica fandonie. Io m'affanno per voi, e
20 non son creduta : bene bene ; cavatevi d'impiccio
come potete : io me ne lavo le mani.'

'Ah no ! non ci abbandonate,' disse Renzo. 'Parlo
così, perchè la cosa mi par troppo bella. Sono nelle
vostre mani ; vi considero come se foste proprio mia
25 madre.'

Queste parole fecero svanire il piccolo sdegno
d'Agnese, e dimenticare un proponimento che, per
verità, non era stato serio.

'Ma perchè dunque, mamma,' disse Lucia, con quel
30 suo contegno sommesso, 'perchè questa cosa non è
venuta in mente al padre Cristoforo ?'

'In mente ?' rispose Agnese : 'pensa se non gli sarà
venuta in mente ! Ma non ne avrà voluto parlare.'

'Perchè?' domandarono a un tratto i due giovani.

35   'Perchè . . . . perchè, quando lo volete sapere, i religiosi dicono che veramente è cosa che non istà bene.'

'Come può essere che non istia bene, e che sia ben fatta, quand'è fatta?' disse Renzo.

'Che volete ch'io vi dica?' rispose Agnese. 'La legge l'hanno fatta loro, come gli è piaciuto; e noi poverelli non possiamo capir tutto. E poi quante cose .... Ecco; è come lasciar andare un pugno a un cristiano. Non istà bene; ma, dato che gliel abbiate, nè anche il papa non glielo può levare.'

'Se è cosa che non istà bene,' disse Lucia, 'non bisogna farla.'

'Che!' disse Agnese, 'ti vorrei forse dare un parere contro il timor di Dio? Se fosse contro la volontà de' tuoi parenti, per prendere un rompicollo .... ma, contenta me, e per prender questo figliuolo; e chi fa nascer tutte le difficoltà è un birbone; e il signor curato ....'

'L'è chiara che l'intenderebbe ognuno,' disse Renzo.

'Non bisogna parlarne al padre Cristoforo, prima di far la cosa,' proseguì Agnese: 'ma, fatta che sia, e ben riuscita, che pensi tu che dirà il padre?—Ah figliuola! è una scappata grossa; me l'avete fatta.— I religiosi devon parlar così. Ma credi pure che, in cuor suo, sarà contento anche lui.'

Lucia, senza trovar che rispondere a quel ragionamento, non ne sembrava però capacitata: ma Renzo, tutto rincorato, disse: 'quand'è così la cosa è fatta.'

'Piano,' disse Agnese. 'E i testimoni? Trovar due che vogliano, e che intanto sappiano stare zitti! E poter cogliere il signor curato che, da due giorni, se ne sta rintanato in casa? E farlo star lì? chè, benchè sia pesante di sua natura, vi so dir io che, al vedervi comparire in quella conformità, diventerà lesto come un gatto, e scapperà come il diavolo dall' acqua santa.'

'L'ho trovato io il verso, l'ho trovato,' disse Renzo, battendo il pugno sulla tavola, e facendo balzellare le stoviglie apparecchiate per il desinare. E seguitò esponendo il suo pensiero, che Agnese approvò in tutto e per tutto.

'Son imbrogli,' disse Lucia: 'non son cose lisce.
5 Finora abbiamo operato sinceramente: tiriamo avanti con fede, e Dio ci aiuterà: il padre Cristoforo l'ha detto. Sentiamo il suo parere.'

'Lasciati guidare da chi ne sa più di te,' disse Agnese, con volto grave. 'Che bisogno c'è di chieder
10 pareri? Dio dice: aiutati, ch'io t'aiuto. Al padre racconteremo tutto, a cose fatte.'

'Lucia,' disse Renzo, 'volete voi mancarmi ora? Non avevamo noi fatto tutte le cose da buon cristiani! Non dovremmo esser già marito e moglie? Il curato
15 non ci aveva fissato lui il giorno e l'ora? e di chi è la colpa, se dobbiamo ora aiutarci con un po'd'ingegno? No, non mi mancherete. Vado e torno con la risposta.' E, salutando Lucia, con un atto di preghiera, e Agnese, con un'aria d'intelligenza, partì in
20 fretta.

XI

LE tribolazioni aguzzano il cervello: e Renzo il quale, nel sentiero retto e piano di vita percorso da lui fin allora, non s'era mai trovato nell'occasione d'assottigliar molto il suo, ne aveva, in questo caso,
25 immaginata una, da far onore a un giureconsulto. Andò addirittura, secondo che aveva disegnato, alla cassetta d'un certo Tonio, ch'era lì poco distante! e lo trovò in cucina, che, con un ginocchio sullo scalino del focolare, e tenendo, con una mano, l'orlo d'un
30 paiolo, messo sulle ceneri calde, dimenava, col matterello ricurvo, una piccola polenta bigia, di gran

saraceno. La madre, un fratello, la moglie di Tonio,
erano a tavola: e tre o quattro ragazzetti, ritti accanto al babbo, stavano aspettando, con gli occhi fissi
al paiolo, che venisse il momento di scodellare. Ma
non c'era quell'allegria che la vista del desinare suol   5
pur dare a chi se l'è meritato con la fatica. La mole
della polenta era in ragion dell'annata, e non del
numero e della buona voglia de'commensali; e ognun
d'essi, fissando, con uno sguardo bieco d'amor rabbioso, la vivanda comune, pareva pensare alla por-   10
zione d'appetito, che le doveva sopravvivere. Mentre
Renzo barattava i saluti con la famiglia, Tonio sco-
dellò la polenta sulla tafferia di faggio, che stava
apparecchiata a riceverla; e parve una piccola luna,
in un gran cerchio di vapori. Nondimeno le donne   15
dissero cortesemente a Renzo: 'volete restar servito?'
complimento che il contadino di Lombardia, e chi sa
di quant'altri paesi! non lascia mai di fare a chi lo
trovi a mangiare, quand'anche questo fosse un ricco
epulone alzatosi allora a tavola, e lui fosse dall'ultimo   20
boccone.
   'Vi ringrazio,' rispose Renzo: 'venivo solamente
per dire una parolina a Tonio; e, se vuoi, Tonio, per
non disturbar le tue donne, possiamo andar a desinare
all'osteria, e lì parleremo.' La proposta fu per Tonio   25
tanto più gradita, quanto meno aspettata: e le
donne, e anche i bimbi (giacchè, su questa materia,
principian presto a ragionare) non videro mal volon-
tieri che si sottraesse alla polenta un concorrente, e
il più formidabile. L'invitato non istette a domandar   30
altro, e andò con Renzo.
   Giunti all'osteria del villaggio; seduti, con tutta
libertà, in una perfetta solitudine, giacchè la miseria
aveva divezzati tutti i frequentatori di quel luogo di
delizie; fatto portare quel poco che si trovava;   35
votato un boccale di vino; Renzo, con aria di mistero,

disse a Tonio: 'se tu vuoi farmi un piccolo servizio, io te ne voglio fare uno grande.'

'Parla, parla; comandami pure,' rispose Tonio, mescendo. 'Oggi mi butterei nel fuoco per te.'

5 'Tu hai un debito di venticinque lire col signor curato, per fitto del suo campo, che lavoravi, l'anno passato.'

'Ah, Renzo, Renzo! tu mi guasti il benefizio. Con che cosa mi vieni fuori? M'hai fatto andar via il 10 buon umore.'

'Se ti parlo del debito,' disse Renzo, 'è perchè, se tu vuoi, io intendo di darti il mezzo di pagarlo.'

'Dici davvero?'

'Davvero. Eh? saresti contento?'

15 'Contento? Ber Bacco, se sarei contento! Se non foss'altro, per non veder più que' versacci, e que'cenni col capo, che mi fa il signor curato, ogni volta che c'incontriamo. E poi sempre: Tonio, ricordatevi: Tonio, quando ci vediamo, per quel negozio? A tal 20 segno che quando, nel predicare, mi fissa quegli occhi addosso, io sto quasi in timore che abbia a dirmi, lì in pubblico: quelle venticinque lire! Che maledette siano le venticinque lire! E poi, m'avrebbe a restituir la collana d'oro di mia moglie, che la baratterei 25 in tanta polenta. Ma . . . .'

'Ma, ma, se mi vuoi fare un servizietto, le venticinque lire son preparate.'

'Di su.'

'Ma . . . .!' disse Renzo mettendo il dito alla 30 bocca.

'Fa bisogno di queste cose? Tu mi conosci.'

'Il signor curato va cavando fuori certe ragioni senza sugo, per tirare in lungo il mio matrimonio; e io in vece vorrei spicciarmi. Mi dicon di sicuro che, 35 presentadosegli davanti i due sposi, con due testimoni, e dicendo io: questa è mia moglie, e Lucia: questo è mio marito, il matrimonio è bell'e fatto. M'hai tu inteso?'

'Tu vuoi ch'io venga per testimonio?'

'Per l'appunto.'

'E pagherai per me le venticinque lire?' 5

'Così l'intendo.'

'Birba chi manca.'

'Ma bisogna trovare un altro testimonio.'

'L'ho trovato. Quel sempliciotto di mio fratel Gervaso farà quello che gli dirò io. Tu gli pagherai 10 da bere?'

'E da mangiare,' rispose Renzo. 'Lo condurremo qui a stare allegro con noi. Ma saprà fare?'

'Gl'insegnerò io: tu sai bene ch'io ho avuta anche la sua parte di cervello.' 15

'Domani . . . .'

'Bene.'

'Verso sera . . . .'

'Benone.'

'Ma! . . . .' disse Renzo, mettendo di nuovo il 20 dito alla bocca.

'Poh! . . . .' rispose Tonio, piegando il capo sulla spalla destra, e alzando la mano sinistra, con un viso che diceva: mi fai torto.

'Ma, se tua moglie ti domanda, come ti domanderà, 25 senza dubbio . . . .'

'Di bugie, sono in debito io con mia moglie, e tanto tanto, che non so se arriverò mai a saldare il conto. Qualche pastocchia la troverò, da metterle il cuore in pace.' 30

'Domattina,' disse Renzo, discorreremo con più comodo, per interderci bene su tutto.'

Con questo, uscirono dall'osteria, Tonio avvian- dosi a casa, e studiando la fandonia che racconterebbe alle donne, e Renzo a render conto de'concerti presi. 35

In questo tempo, Agnese s'era affaticata invano a

persuader la figliuola. Questa andava opponendo a ogni ragione, ora l'una, ora l'altra parte del suo dilemma: o la cose è cattiva, e non bisogna farla; o non è, e perchè non dirla al padre Cristoforo?

5 Renzo arrivò tutto trionfante, fece il suo rapporto, e terminò con un *ahn?* interiezione che significa: sono o non sono un uomo io? si poteva trovar di meglio? vi sarebbe venuta in mente? e cento cose simili.

10 Lucia tentennava mollemente il capo; ma i due infervorati le badavan poco, come si suol fare con un fanciullo, al quale non si spera di far intendere tutta la ragione d'una cosa, e che s'indurrà poi, con le preghiere e con l'autorità, a ciò che si vuol da lui.

15 'Va bene,' disse Agnese: 'va bene; ma . . . . non avete pensato a tutto.'

'Cosa ci manca?' rispose Renzo.

'E Perpetua? non avete pensato a Perpetua. Tonio e suo fratello, li lascerà entrare; ma voi! voi 20 due! pensate! avrà ordine di tenervi lontani, più che un ragazzo da un pero che ha le frutte mature.'

'Come faremo?' disse Renzo, un po' imbrogliato.

'Ecco: ci ho pensato io. Verrò io con voi; e ho un segreto per attirarla, e per incantarla di maniera 25 che non s'accorga di voi altri, e possiate entrare. La chiamerò io, e le toccherò una corda . . . . vedrete.'

'Benedetta voi!' esclamò Renzo: 'l' ho sempe detto che siete nostro aiuto in tutto.'

'Ma tutto questo non serve a nulla,' disse Agnese, 30 'se non si persuade costei, che si ostina a dire che è peccato.'

'Renzo mise in campo anche lui la sua eloquenza; ma Lucia non si lasciava smovere.

'Io non so che rispondere a queste vostre ragioni,' 35 diceva: 'ma vedo che, per far questa cosa, come dite voi, bisogna andar avanti a furia di sotterfugi, di

bugie, di finzioni. Ah Renzo! non abbiam cominciato così. Io voglio esser vostra moglie,' e non c'era
verso che potesse proferir quella parola, e spiegar
quell'intenzione, senza fare il viso rosso: 'io voglio
esser vostra moglie, ma per la strada diritta, col 5
timor di Dio, all'altare. Lasciamo fare a Quello
lassù. Non volete che sappia trovar Lui il bandolo
d'aiutarci, meglio che non sappiamo far noi, con
tutte codeste furberie? E perchè far misteri al padre
Cristoforo?' 10

La disputa durava tuttavia, e non pareva vicina a
finire, quando un calpestìo affrettato di sandali, e un
rumore di tonaca sbattuta, somigliante a quello che
fanno in una vela allentata i soffi ripetuti del vento,
annunziarono il padre Cristoforo. Si chetaron tutti; 15
e Agnese ebbe appena tempo di susurrare all'orecchio
di Lucia: 'bada bene, ve', di non dirgli nulla.'

XII

IL padre Cristoforo arrivava nell'attitudine d'un
buon capitano che, perduta, senza sua colpa, una
battaglia importante, afflitto ma non scoraggito, 20
sopra pensiero ma non sbalordito, di corsa e non in
fuga, si porta dove il bisogno lo chiede, a premunire
i luoghi minacciati, a raccoglier le truppe, a dar nuovi
ordini.

'La pace sia con voi,' disse, nell'entrare. 'Non 25
c'è nulla da sperare dall'uomo: tanto più bisogna
confidare in Dio: e già ho qualche pegno della sua
protezione.'

Sebbene nessuno dei tre sperasse molto nel tentativo del padre Cristoforo, giacchè il vedere un potente 30

E

ritirarsi da una soverchieria, senza esserci costretto,
e per mera condiscendenza a preghiere disarmate,
era cosa piuttosto inaudita che rara; nulladimeno
la trista certezza fu un colpo per tutti. Le donne
5 abbassarono il capo; ma nell'animo di Renzo, l'ira
prevalse all'abbattimento. Quell'annunzio lo trovava già amareggiato da tante sorprese dolorose, da
tanti tentativi andati a voto, da tante speranze deluse,
e, per di più, esacerbato, in quel momento, dalle
10 ripulse di Lucia.

'Vorrei sapere,' gridò, digrignando i denti, e alzando la voce, quanto non aveva mai fatto prima
d'allora, alla presenza del padre Cristoforo; 'vorrei
sapere che ragioni ha dette quel cane, per sos-
15 tenere .... per sostenere che la mia sposa non
dev'essere la mia sposa.'

'Povero Renzo!' rispose il frate, con una voce
grave e pietosa, e con uno sguardo che comandava
amorevolmente la pacatezza: 'se il potente che vuol
20 commettere l'ingiustizia fosse sempre obbligato a dir
le sue ragioni, le cose non anderebbero come vanno.'

'Ha detto dunque quel cane, che non vuole, perchè
non vuole?'

'Non ha detto nemmen questo, povero Renzo!
25 Sarebbe ancora un vantaggio se, per commetter
l'iniquità, dovessero confessarla apertamente.'

'Ma qualcosa ha dovuto dire: cos'ha detto quel
tizzone d'inferno?'

'Le sue parole, io l'ho sentite, e non te le saprei ripe-
30 tere. Le parole dell'iniquo che è forte, penetrano e
sfuggono. Può adirarsi che tu mostri sospetto di lui,
e, nello stesso tempo, farti sentire, che quello di che
tu sospetti è certo: può insultare e chiamarsi offeso,
schernire e chieder ragione, atterrire e lagnarsi, es-
35 sere sfacciato e irreprensibile. Non chieder più in là.
Colui non ha proferito il nome di questa innocente, nè

il tuo, non ha figurato nemmen di conoscervi, non ha detto di pretender nulla; ma . . . . ma pur troppo ho dovuto intendere ch'è irremovibile. Nondimeno, confidenza in Dio! Voi, poverette, non vi perdete d'animo; e tu, Renzo . . . . oh! credi pure, ch'io so mettermi ne' tuoi panni, ch'io sento quello che passa nel tuo cuore. Ma, pazienza! È una magra parola, una parola amara, per chi non crede; ma tu . . . .! non vorrai tu concedere a Dio un giorno, due giorni, il tempo che vorrà prendere, per far trionfare la gius- tizia? Il tempo è suo; e ce n'ha promesso tanto! Lascia fare a Lui, Renzo; e sappi . . . . sappiate tutti ch'io ho già in mano un filo, per aiutarvi. Per ora, non posso dirvi di più. Domani io non verrò quassù; devo stare al convento tutto il giorno, per voi. Tu, Renzo, procura di venirci : o se, per caso impensato, tu non potessi, mandate un uomo fidato, un garzon- cello di giudizio, per mezzo del quale io possa farvi sapere quello che occorrerà. Si fa buio; bisogna ch'io corra al convento. Fede, coraggio; e addio.'

Detto questo, uscì in fretta, e se n'andò, correndo, e quasi saltelloni, giù per quella viottola storta e sas- sosa, per non arrivar tardi al convento, a rischio di buscarsi una buona sgridata, o quel che gli sarebbe pesato ancor più, una penitenza, che gl'impedisse, il giorno dopo, di trovarsi pronto e spedito a ciò che potesse richiedere il bisogno de' suoi protetti.

'Avete sentito cos'ha detto d'un non so che . . . . d'un filo che ha, per aiutarci?' disse Lucia. 'Con- vien fidarsi a lui; è un uomo che, quando promette dieci . . . .'

'Se non c'è altro. . . . !' interruppe Agnese. 'Av- rebbe dovuto parlar più chiaro, o chiamar me da una parte e dirmi cosa sia questo . . . .'

'Chiacchiere! la finirò io: io la finirò!' interruppe Renzo, questa volta, andando in su e in giù per la stanza, e con una voce, con un viso, da non lasciar dubbio sul senso di quelle parole.

'Oh Renzo!' esclamò Lucia.

'Cosa volete dire?' esclamò Agnese.

5 'Che bisogno c'è di dire? La finirò io. Abbia pur cento, mille diavoli nell'anima, finalmente è di carne e ossa anche lui . . . .'

'No, no, per amor del cielo . . . . !' cominciò Lucia; ma il pianto le troncò la voce.

10 'Non son discorsi da farsi, neppur per burla,' disse Agnese.

'Per burla?' gridò Renzo, fermandosi ritto in faccia ad Agnese seduta, e piantandole in faccia due occhi stralunati. 'Per burla! vedrete se sarà burla.'

15 'Oh Renzo!' disse Lucia, a stento, tra i singhiozzi: 'non v'ho mai visto così.'

'Non dite queste cose, per amor del cielo,' riprese ancora in fretta Agnese, abbassando la voce. 'Non vi ricordate quante braccia ha al suo comando colui? E quand'anche . . . . Dio liberi! . . . . contro i poveri c'è sempre giustizia.'

'La farò io, la giustizia, io! È ormai tempo. La cosa non è facile: lo so anch'io, Si guarda bene, il cane assassino: sa come sta; ma non importa. Riso- luzione e pazienza . . . . e il momento arriva. Sì, la farò io, la giustizia: lo libererò io, il paese: quanta gente mi benedirà . . . . !'

L'orrore che Lucia sentì di queste più chiare parole, le sospese il pianto, e le diede forza di parlare. 30 Levando dalle palme il viso lagrimoso, disse a Renzo, con voce accorata, ma risoluta: 'non v'importa più dunque d'avermi per moglie. Io m'era promessa a un giovine che aveva il timor di Dio; ma un uomo che avesse. . . . Fosse al sicuro d'ogni giustizia e d'ogni 35 vendetta, foss'anche il figlio del re . . . . '

'E bene!' gridò Renzo, con un viso più che mai

stravolto: 'io non v'avrò; ma non v'avrà nè anche lui. Io qui senza di voi, e lui a casa del . . . . '

'Ah no! per carità, non dite così, non fate quegli occhi: no, non posso vedervi così,' esclamò Lucia, piangendo, supplicando, con le mani giunte; mentre 5 Agnese chiamava e richiamava il giovine per nome, e gli palpava le spalle, le braccia, le mani, per acquietarlo. Stette egli immobile e pensieroso, qualche tempo, a contemplar quella faccia supplichevole di Lucia; poi, tutt'a un tratto, la guardò torvo, diede 10 addietro, tese il braccio e l'indice verso di essa, e gridò: 'questa! sì questa egli vuole. Ha da morrire!'

'E io che male v'ho fatto, perchè mi facciate morrire?' disse Lucia, buttandosegli inginocchioni dav- 15 anti.

'Voi!' rispose, con una voce ch'esprimeva un'ira ben diversa, ma un'ira tuttavia: 'voi! Che bene mi volete voi? Che prova m'avete data? Non v'ho io pregata, e pregata, e pregata? E voi: no! no!' 20

'Sì, sì,' rispose precipitosamente Lucia: 'verrò dal curato, domani, ora, se volete; verrò. Tornate quello di prima; verrò.'

'Me lo promettete?' disse Renzo, con una voce e con un viso divenuto, tutt'a un tratto, più umano. 25

'Ve lo prometto.'

'Me l'avete promesso.'

'Signore, vi ringrazio!' esclamò Agnese, doppiamente contenta.

'Ve l'ho promesso,' rispose Lucia, con un tono 30 di rimprovero timido e affettuoso: 'ma anche voi avevate promesso di non fare scandoli, di rimettervene al padre . . . . '

'Oh via! per amor di chi vado in furia? Volete tornare indietro, ora? e farmi fare uno sproposito?' 35

'No no,' disse Lucia, cominciando a rispaventarsi.

'Ho promesso, e non mi ritiro. Ma vedete voi come
mi avete fatto promettere. Dio non voglia . . . .'
'Perchè volete far de'cattivi auguri, Lucia? Dio
sa che non facciam male a nessuno.'

5   'Promettetemi almeno che questa sarà l'ultima.'
'Ve lo prometto, da povero figliuolo.'
'Ma, questa volta, mantenete poi,' disse Agnese.
Renzo avrebbe voluto prolungare il discorso, e
fissare, a parte a parte, quello che si doveva fare
10 il giorno dopo; ma era già notte, e le donne gliel'
augurarono buona: non parendo loro cosa conve-
niente che, a quell'ora, si trattenesse più a lungo.
La notte però fu a tutt'e tre così buona come può
essere quella che succede a un giorno pieno d'agita-
15 zione e di guai, e che ne precede uno destinato a un'
impresa importante, e d'esito incerto. Renzo si lasciò veder di buon'ora, e concertò con le donne, o piuttosto con Agnese, la grand'operazione della sera,
proponendo e sciogliendo a vicenda difficoltà, antive-
20 dendo contrattempi, e ricominciando, ora l'uno ora
l'altra, a descriver la faccenda, come si racconterebbe
una cosa fatta. Lucia ascoltava; e, senza approvar
con parole ciò che non poteva approvare in cuor suo,
prometteva di far meglio che saprebbe.

25   'Anderete voi giù al convento, per parlare al padre
Cristoforo, come v'ha detto ier sera?' domandò
Agnese a Renzo.

'Le zucche!' rispose questo: 'sapete che diavoli
d'occhi ha il padre: mi leggerebbe in viso, come sur
30 un libro, che c'è qualcosa per aria, e se cominciasse a
farmi dell'interrogazioni, non potrei uscirne a bene.
E poi, io devo star qui, per accudire all'affare. Sarà
meglio che mandiate voi qualcheduno.'

'Manderò Menico.'

35   'Va bene,' rispose Renzo; e partì, per accudire all'
affare, come aveva detto.

Agnese andò a una casa vicina, a cercar Menico, ch'era un ragazzetto di circa dodici anni, sveglio la sua parte, e che, per via di cugini e di cognati, veniva a essere un po' suo nipote. Lo chiese ai parenti, come in prestito, per tutto quel giorno, 'per un certo servizio,' diceva. Avutolo, lo condusse nella sua cucina, gli diede da colazione, e gli disse che andasse a Pescarenico, e si facesse vedere al padre Cristoforo, il quale lo rimanderebbe poi, con una risposta, quando sarebbe tempo. 'Il padre Cristoforo, quel bel vecchio, tu sai, con la barba bianca, quello che chiamano il santo . . . .'

'Ho capito,' disse Menico: 'quello che ci accarezza sempre, noi altri ragazzi, e ci dà, ogni tanto, qualche santino.'

'Appunto, Menico. E se ti dirà che tu aspetti qualche poco, lì vicino al convento, non ti sviare: bada di non andar, con de' compagni, al lago, a veder pescare, nè a divertirti con le reti attaccate al muro ad asciugare, nè a far quell'altro tuo giochetto solito . . . .'

Bisogna saper che Menico era bravissimo per fare a rimbalzello; e si sa che tutti, grandi e piccoli, facciam volentieri le cose alle quali abbiamo abilità: non dico quelle sole.

'Poh! zia; non son poi un ragazzo.'

'Bene, abbi giudizio; e, quando tornerai con la risposta . . . . guarda; queste due belle *parpagliole* nuove son per te.'

'Datemele ora, ch'è lo stesso.'

'No, no, tu le giocheresti. Va, e portati bene; che n'avrai anche di più.'

XIII

NEL rimanente di quella lunga mattinata, si videro certe novità che misero non poco in sospetto l'animo già conturbato delle donne.   Un mendico, nè refinito nè cencioso come i suoi pari, e con un non so che 5 d'oscuro e di sinistro nel sembiante, entrò a chieder la carità, dando in qua e in là cert'occhiate da spione. Gli fu dato un pezzo di pane, che ricevette e ripose, con un'indifferenza mal dissimulata. Si trattenne poi, con una certa sfacciataggine, e, nello stesso 10 tempo, con esitazione, facendo molte domande, alle quali Agnese s'affrettò di risponder sempre il contrario di quello che era.   Movendosi, come per andar via, finse di sbagliar l'uscio, entrò in quello che metteva alla scala, e lì diede un'altra occhiata in fretta, 15 come potè. Gridatogli dietro: ' ehi ehi ! dove andate, galantuomo? di qua ! di qua !' tornò indietro, e uscì dalla parte che gli veniva indicata, scusandosi, con una sommissione, con un'umiltà affettata, che stentava a collocarsi nei lineamenti duri di quella faccia. 20 Dopo costui, continuarono a farsi vedere, di tempo in tempo, altre strane figure. Che razza d'uomini fossero, non si sarebbe potuto dir facilmente ; ma non si poteva creder neppure che fossero quegli onesti viandanti che volevan parere.   Uno entrava col pretesto 25 di farsi insegnar la strada ; altri, passando davanti all'uscio, rallentavano il passo, e guardavan sott' occhio nella stanza, a traverso il cortile, come chi vuol vedere senza dar sospetto. Finalmente, verso il mezzogiorno, quella fastidiosa processione finì. 30 Agnese s'alzava ogni tanto, attraversava il cortile, s'affacciava all'uscio di strada, guardava a destra e a sinistra, e tornava dicendo : 'nessuno': parola che proferiva con piacere, e che Lucia con piacere sentiva, senza che nè l'una nè l'altra ne sapessero ben chiaramente il perchè. Ma ne rimase a tutt'e due una non so quale inquietudine, che levò loro, e alla figliuola principalmente, una gran parte del coraggio che 5 avevan messo in serbo per la sera.

Convien però che il lettore sappia qualcosa di più preciso, intorno a que'ronzatori misteriosi: e, per informarlo di tutto, dobbiam tornare un passo indietro, e ritrovar don Rodrigo, che abbiam lasciato 10 ieri, solo in una sala del suo palazzotto, al partir del padre Cristoforo.

Don Rodrigo, come abbiam detto, misurava innanzi e indietro, a passi lunghi, quella sala, dalle pareti della quale pendevano ritratti di famiglia, di 15 varie generazioni. Quando si trovava col viso a una parete, e voltava, si vedeva in faccia un suo antenato guerriero, terrore de'nemici e de'suoi soldati, torvo nella guardatura, co'capelli corti e ritti, co'baffi tirati e a punta, che sporgevan dalle guanze, col mento 20 obliquo: ritto in piedi l'eroe, con le gambiere, co' cosciali, con la corazza, co'bracciali, co'guanti, tutto di ferro; con la destra sul fianco, e la sinistra sul pomo della spada. Don Rodrigo lo guardava; e quando gli era arrivato sotto, e voltava, ecco in faccia 25 un altro antenato, magistrato, terrore de'litiganti e degli avvocati, a sedere sur una gran seggiola coperta di velluto rosso, ravvolto in un'ampia toga nera; tutto nero, fuorchè un collare bianco, con due larghe facciole, e una fodera di zibellino arrovesciata (era 30 il distintivo de'senatori, e non lo portavan che l'inverno, ragion per cui non si troverà mai un ritratto di senatore vestito d'estate); macilento, con le ciglia aggrottate: teneva in mano una supplica, e pareva che dicesse: vedremo. Da qua una matrona, terrore 35 delle sue cameriere; di là un abate, terrore de'suoi

monaci : tutta gente in somma che aveva fatto terrore, e lo spirava ancora dalle tele.   Alla presenza
di tali memorie, don Rodrigo tanto più s'arrovellava,
si vergognava, non poteva darsi pace, che un frate
5 avesse osato venirgli adosso, con la prosopopea di
Nathan.   Formava un disegno di vendetta, l'abban-
donava, pensava come soddisfare insieme alla passione, e a ciò che chiamava onore ; e talvolta (vedete
un poco !) sentendosi fischiare ancora agli orecchi
10 quell'esordio di profezia, stava quasi per deporre il
pensiero delle due soddisfazioni.   Finalmente, per
far qualche cosa, chiamò un servitore, e gli ordinò
che lo scusasse con la compagnia, dicendo ch'era trattenuto da un affare urgente.   Quando quello tornò
15 a riferire che que'signori eran partiti, lasciando i
loro rispetti : 'e il conte Attilio?' domandò, sempre
camminando, don Rodrigo.

'È uscito con que'signori, illustrissimo.'

'Bene ; sei persone di seguito, per la passeggiata :
20 subito.   La spada, la cappa, il cappello : subito.'

Il servitore partì, rispondendo con un inchino ;
e, poco dopo, tornò, portando la ricca spada, che il
padrone si cinse ; la cappa, che si buttò sulle spalle ;
il cappello a gran penne, che mise e inchiodò, con una
25 manata, fieramente sul capo : segno di marina torbida.
Si mosse, e, alla porta, trovò i sei ribaldi tutti armati,
i quali, fatto ala, e inchinatolo, gli andaron dietro.
Più burbero, più superbioso, più accigliato del solito,
uscì, e andò passeggiando verso Lecco.   I contadini,
30 gli artigiani, al vederlo venire, si ritiravan rasente al
muro, e di lì facevano scappellate e inchini profondi,
ai quali non rispondeva.   Come inferiori, l'inchina-
vano anche quelli che da questi eran detti signori ;
chè, in que'contorni, non ce n'era uno che potesse, a
35 mille miglia, competer con lui, di nome, di ricchezze,
d'aderenze e della voglia di servirsi di tutto ciò, per

istare al di sopra degli altri. E a questi corrispondeva con una degnazione contegnosa. Quel giorno non avvenne, ma quando avveniva che s'incontrasse col signor castellano spagnolo, l'inchino allora era ugualmente profondo dalle due parti ; la cosa era come tra 5 due potentati, i quali non abbiano nulla da spartire tra loro, ma, per convenienza, fanno onore al grado l'uno dell'altro. Per passare un poco la mattina, e per contrapporre all'immagine del frate che gli assediava la fantasia, immagini in tutto diverse, don Rod- 10 rigo entrò, quel giorno, in una casa, dove andava, per il solito, molta gente, e dove fu ricevuto con quella cordialità affaccendata e rispettosa, ch'è riserbata agli uomini che si fanno molto amare o molto temere ; e, a notte già fatta, tornò al suo palazzotto. Il conte 15 Attilio èra anche lui tornato in quel momento ; e fu messa in tavola la cena, durante la quale, don Rodrigo fu sempre sopra pensiero, e parlò poco.

'Cugino, quando pagate questa scommessa ?' disse, con un fare di malizia e di scherno, il conte Attilio, 20 appena sparecchiato, e andati via i servitori.

'San Martino non è ancor passato.'

'Tant'è che la paghiate subito, perchè passeranno tutti i santi del lunario, prima che . . . . '

'Questo è quel che si vedrà.' 25

'Cugino, voi volete fare il politico ; ma io ho capito tutto, e son tanto certo d'aver vinta la scommessa, che son pronto a farne un'altra.'

'Sentiamo.'

'Che il padre . . . . . . il padre . . . . . . che so io ? 30 quel frate in somma v'ha convertito.'

'Eccone un'altra delle vostre.'

'Convertito, cugino ; convertito, vi dico. Io per me, ne godo. Sapete che sarà un bello spettacolo vedervi tutto compunto, e con gli occhi bassi ! E che 35 gloria per quel padre ! Come sarà tornato a casa

gonfio e pettoruto! Non son pesci che si piglino
tutti i giorni, nè con tutte le reti. Siate certo che vi
porterà per esempio ; e, quando anderà a far qualche
missione un po' lontano, parlerà de' fatti vostri.

5 'Basta, basta!' interruppe don Rodrigo, mezzo
sogghignando, e mezzo annoiato. 'Se volete rad-
doppiar la scommessa, son pronto anch' io.'

'Diavolo! che aveste voi convertito il padre!'

'Non mi parlate di colui : e in quanto alla scom-
10 messa, san Martino deciderà.' La curiosità del conte
era stuzzicata; non gli risparmiò interrogazioni, ma
don Rodrigo le seppe eluder tutte, rimettendosi sempre al giorno della decisione, e non volendo comuni-
care alla parte avversa disegni che non erano nè
15 incamminati, nè assolutamente fissati.

La mattina seguente, don Rodrigo si destò don
Rodrigo. L'apprensione che quel *verrà un giorno*
gli aveva messa in corpo, era svanita del tutto, co'
sogni della notte ; e gli rimaneva la rabbia sola, esa-
20 cerbata anche dalla vergogna di quella debolezza
passeggiera. L'immagini più recenti della passeggiata trionfale, degl'inchini, dell'accoglienze, e il
canzonare del cugino, avevano contribuito non poco a
rendergli l'animo antico. Appena alzato, fece chia-
25 mare il Griso.—Cose grosse,—disse tra sè il servitore a
cui fu dato l'ordine ; perchè l'uomo che aveva quel soprannome, non era niente meno che il capo de' bravi,
quello a cui s'imponevano le imprese più rischiose e
più inique, il fidatissimo del padrone, l'uomo tutto
30 suo, per gratitudine e per interesse. Dopo aver
ammazzato uno, di giorno, in piazza, era andato ad
implorar la protezione di don Rodrigo ; e questo,
vestendolo della sua livrea, l'aveva messo al coperto
da ogni ricerca della giustizia. Così, impegnandosi a
35 ogni delitto che gli venisse comandato, colui si era
assicurata l'impunità del primo. Per don Rodrigo,

l'acquisto non era stato di poca importanza; perchè il Griso, oltre all'essere, senza paragone, il più
valente della famiglia, era anche una prova di ciò
che il suo padrone aveva potuto attentar felicemente
contro le leggi; di modo che la sua potenza ne veniva 5
ingrandita, nel fatto e nell'opinione.

'Griso!' disse don Rodrigo: 'in questa congiuntura,
si vedrà quel che tu vali. Prima di domani, quella
Lucia deve trovarsi in questo palazzo.'

'Non si dirà mai che il Griso si sia ritirato da un 10
comando dell'illustrissimo signor padrone.'

'Piglia quanti uomini ti possono bisognare, ordina
e disponi, come ti par meglio; purchè la coso riesca a
buon fine. Ma bada sopra tutto, che non le sia fatto
male.' 15

'Signore, un po' di spavento, perchè la non
faccia troppo strepito . . . . . non si potrà far di
meno.'

'Spavento . . . . capisco . . . . è inevitabile. Ma
non le si torca un capello; e sopra tutto, le si porti 20
rispetto in ogni maniera. Hai inteso?'

'Signore, non si può levare un fiore dalla pianta, e
portarlo a vossignoria, senza toccarlo. Ma non si
farà che il puro necessario.'

'Sotto la tua sicurtà. E . . . . come farai?' 25

'Ci stavo pensando, signore. Siam fortunati che
la casa è in fondo al paese. Abbiamo bisogno d'un
luogo per andarci a postare: e appunto c'è, poco
distante di là, quel casolare disabitato e solo, in mezzo
ai campi, quella casa . . . . vossignoria non saprà 30
niente di queste cose . . . . una casa che bruciò, pochi
anni sono, e non hanno avuto danari da riattarla, e
l'hanno abbandonata, e ora ci vanno le streghe: ma
non è sabato, e me ne rido. Questi villani, che son
pieni d'ubbie, non ci bazzicherebbero, in nessuna 35
notte della settimana, per tutto l'oro del mondo:

sicchè possiamo andare a fermarci là, con sicurezza che nessuno verrà a guastare i fatti nostri.'

'Va bene! e poi?'

Qui, il Griso a proporre, don Rodrigo a discutere, 5 finchè d'accordo ebbero concertata la maniera di condurre a fine l'impresa, senza che rimanesse traccia degli autori, la maniera anche di rivolgere, con falsi indizi, i sospetti altrove, d'impor silenzio alla povera Agnese, d'incutere a Renzo tale spavento, da fargli 10 passare il dolore, e il pensiero di ricorrere alla giustizia, e anche la volontà di lagnarsi; e tutte l'altre bricconerie necessarie alla riuscita della bricconeria principale. Noi tralasciamo di riferir que' concerti, perchè, come il lettore vedrà, non son necessari all' 15 intelligenza della storia; e siam contenti anche noi di non doverlo trattener più lungamente a sentir parlamentare que' due fastidiosi ribaldi. Basta che, mentre il Griso se n'andava, per metter mano all'esecuzione, don Rodrigo lo richiamò, e gli disse: 'senti: 20 se per caso, quel tanghero temerario vi desse nell' unghie questa sera, non sarà male che gli sia dato anticipatamente un buon ricordo sulle spalle. Così, l'ordine che gli verrà intimato domani di stare zitto, farà più sicuramente l'effetto. Ma non l'andate a 25 cercare, per non guastare quello che più importa: tu m'hai inteso.'

'Lasci fare a me,' rispose il Griso, inchinandosi, con un atto d'ossequio e di millanteria; e se n'andò. La mattina fu spesa in giri, per riconoscere il paese. 30 Quel falso pezzente che s'era inoltrato a quel modo nella povera casetta, non era altro che il Griso, il quale veniva per levarne a occhio la pianta: i falsi viandanti eran suoi ribaldi, ai quali, per operare sotto i suoi ordini, bastava una cognizione più superficiale 35 del luogo. E, fatta la scoperta, non s'eran più lasciati vedere, per non dar troppo sospetto.

Tornati che furon tutti al palazzotto, il Griso rese
conto, e fissò definitivamente il disegno dell'impresa;
assegnò le parti, diede istruzioni. Tutto ciò non si
potè fare, senza che quel vecchio servitore, il quale
stava a occhi aperti, e a orecchi tesi, s'accorgesse che 5
qualche gran cosa si macchinava. A forza di stare
attento e di domandare; accattando una mezza
notizia di qua, una mezza di là, commentando
tra sè una parola oscura, interpretando un andare
misterioso, tanto fece, che venne in chiaro di 10
ciò che si doveva eseguir quella notte. Ma quando
ci fu ruiscito, essa era già poco lontana, e già
una piccola vanguardia di bravi era andata a
imboscarsi in quel casolare diroccato. Il povero
vecchio, quantunque sentisse bene a che rischioso 15
giuoco giocava, pure non volle mancare : uscì, con la
scusa di prendere un po' d'aria, e s'incamminò in
fretta in fretta al convento, per dare al padre Cristoforo l'avviso promesso. Poco dopo, si mossero gli
altri bravi, e discesero spicciolati, per non parere una 20
compagnia: il Griso venne dopo; e non rimase indietro che una bussola, la quale doveva esser portata
al casolare, a sera inoltrata; come fu fatto. Ra-
dunati che furono in quel luogo, il Griso spedì tre di
coloro all'osteria del paesetto : uno che si mettesse 25
sull'uscio, a osservar ciò che accadesse nella strada,
e a veder quando tutti gli abitanti fossero ritirati:
gli altri due che stessero dentro a giocare e a bere,
come dilettanti; e attendessero intanto a spiare se
qualche cosa da spiare ci fosse. Egli, col grosso della 30
truppa, rimase nell'agguato ad aspettare.
Il povero vecchio trottava ancora; i tre esploratori
arrivavano al loro posto, il sole cadeva, quando Renzo
entrò dalle donne, e disse: 'Tonio e Gervaso m'as-
pettan fuori: vo con loro all'osteria a mangiare un 35
boccone; e, quando sonerà l'ave maria, verremo a

prendervi. Su, coraggio, Lucia; tutto dipende da un momento.' Lucia sospirò, e ripetè: 'coraggio,' con una voce che smentiva la parola.

XIV

QUANDO Renzo e i due compagni giunsero all'osteria, vi trovaron quel tale già piantato in sentinella, che ingombrava mezzo il vano della porta, appoggiato con la schiena a uno stipite, con le braccia incrociate sul petto; e guardava e riguardava, a destra e a sinistra, facendo lampeggiare ora il bianco, ora il nero di due occhi grifagni. Un berretto piatto di velluto chermisi, messo storto, gli copriva la metà del ciuffo. Teneva sospeso in una mano un grosso randello; arme propriamente, non ne portava in vista; ma, solo a guardargli in viso, anche un fanciullo avrebbe pensato . che doveva averne sotto quante ce ne poteva stare. Quando Renzo, ch'era innanzi agli altri, e fu lì per entrare, colui, senza scomodarsi, lo guardò fisso fisso; ma il giovine, intento a schivare ogni questione, come suole ognuno che abbia un'impresa scabrosa alle mani, non fece vista d'accorgersene, non disse neppure: fatevi in là; e, rasentando l'altro stipite, passò per isbieco, col fianco innanzi, per l'apertura lasciata da quella cariatide. I due compagni dovettero far la stessa evoluzione, se vollero entrare. Entrati, videro gli altri, de'quali avevan già sentita la voce, cioè que'due bravacci, che seduti a un canto della tavola, giocavano alla mora, mescendosi or l'uno or l'altro da bere, con un gran fiasco ch'era tra loro. Questi pure guardaron fisso la nuova compagnia; e un de' due specialmente, tenendo una mano in aria, con tre ditacci tesi e allargati, e avendo la bocca ancora aperta, per un gran 'sei' che n'era scoppiato fuori in

quel momento, squadrò Renzo da capo a piedi ; poi
diede d' occhio al compagno, poi a quel dell' uscio, che
rispose con un cenno del cappo. Renzo insospettito
e incerto guardava ai suoi due convitati, come se
volesse cercare ne' loro aspetti un' interpretazione di 5
tutti que' segni : ma i loro aspetti non indicavano
altro che un buon appetito. L' oste guardava in viso
a lui, come per aspettar gli ordini ; egli lo fece venir
con sè in una stanza vicina, e ordinò da cena.

‘Chi sono que' forestieri ? ’ gli domandò poi a voce 10
bassa, quando quello tornò, con una tovaglia grosso-
lana sotto il braccio, e un fiasco in mano.

‘Non li conosco,’ rispose l' oste, spiegando la tovaglia.

‘Come ? nè anche uno ? ’   15

‘Sapete bene,’ rispose ancora colui, stirando, con
tutt' e due le mani, la tovaglia sulla tavola, ‘che la
prima regola del nostro mestiere, è di non domandare
i fatti degli altri : tanto che, fin le nostre donne non
son curiose. Si starebbe freschi, con tanta gente 20
che va e viene : è sempre un porto di mare : quando
le annate son ragionevoli, voglio dire ; ma stiamo
allegri che tornerà il buon tempo. A noi basta che
gli avventori siano galantuomini : chi siano poi, o chi
non siano, non fa niente. E ora vi porterò un piatto 25
di polpette, che le simili non le avete mai mangiate.’

‘Come potete sapere . . . . ? ’ ripigliava Renzo ; ma
l' oste, già avviato alla cucina, seguitò la sua strada.
E lì, mentre prendeva il tegame delle polpette sum-
mentovate, gli s' accostò pian piano quel bravaccio 30
che aveva squadrato il nostro giovine, e gli disse
sottovoce : ‘ Chi sono que' galantuomini ? ’

‘Buona gente qui del paese,’ rispose l' oste, scodel-
lando le polpette nel piatto.

‘Va bene ; ma come si chiamano ? chi sono ? ’ 35
insistette colui, con voce alquanto sgarbata.

F

'Uno si chiama Renzo,' rispose l'oste, pur sottovoce: 'un buon giovine, assestato; filatore di seta,
che sa bene il suo mestiere. L'altro è un contadino
che ha nome Tonio: buon camerata, allegro: peccato
5 che n'abbia pochi; che gli spenderebbe tutti qui.
L'altro è un sempliciotto, che mangia però volentieri,
quando gliene danno. Con permesso.'

E, con uno sgambetto, uscì tra il fornello e l'inter-
rogante; e andò a portare il piatto a chi si doveva.
10 'Come potete sapere,' riattaccò Renzo, quando lo
vide ricomparire, 'che siano galantuomini, se non li
conoscete ?'

'Le azioni, caro mio; l'uomo si conosce all'azioni.
Quelli che bevono il vino senza criticarlo, che pagano
15 il conto senza tirare, che non metton su lite con gli
altri avventori, e se hanno una coltellata da consegnare a uno, lo vanno ad aspettar fuori, e lontano dall'
osteria, tanto che il povero oste non ne vada di mezzo,
quelli sono i galantuomini. Però, se si può conoscer
20 la gente bene, come ci conosciamo tra noi quattro, è
meglio. E che diavolo vi vien voglia di saper tante
cose, quando siete sposo, e dovete aver tutt'altro in
testa? e con davanti quelle polpette, che farebbero
resuscitare un morto?' Così dicendo, se ne tornò in
25 cucina.

La cena non fu molto allegra. I due convitati
avrebbero voluto godersela con tutto loro comodo;
ma l'invitante, preoccupato di ciò che il lettore sa,
e infastidito, e anche un po' inquieto del contegno
30 strano di quegli sconosciuti, non vedeva l'ora d'andarsene. Si parlava sottovoce, per causa loro; ed
eran parole tronche e svogliate.

'Che della cosa,' scappò fuori di punto in bianco
Gervaso, 'che Renzo voglia prender moglie, e abbia
35 bisogno....!' Renzo gli fece un viso brusco. Vuoi
stare zitto, bestia?' gli disse Tonio, accompagnando il

titolo con una gomitata. La conversazione fu sempre più fredda, fino alla fine. Renzo, stando indietro nel mangiare, come nel bere, attese a mescere ai due testimoni, con discrezione, in maniera di dar loro un po' di brio, senza farli uscir di cervello. Sparecchiato, 5 pagato il conto da colui che aveva fatto men guasto, dovettero tutti e tre passar novamente davanti a quelle facce, le quali tutte si voltarono a Renzo, come quand'era entrato. Questo, fatti ch'ebbe pochi passi fuori dell'osteria, si voltò indietro, e vide che i due 10 che aveva lasciati seduti in cucina, lo seguitavano: si fermò allora, co'suoi compagni, come se dicesse: vediamo cosa voglion da me costoro. Ma i due, quando s'accorsero d'essere osservati, si fermarono anch'essi, si parlaron sottovoce, e tornarono indietro. 15 Se Renzo fosse stato tanto vicino da sentir le loro parole, gli sarebbero parse molto strane. 'Sarebbe però un bell'onore, senza contar la mancia,' diceva uno de'malandrini, 'se, tornando al palazzo, potessimo raccontare d'avergli spianate le costole in fretta 20 in fretta, e così da noi, senza che il signor Griso fosse qui a regolare.'

'E guastare il negozio principale!' rispondeva l'altro. 'Ecco: s'è avvisto di qualche cosa; si ferma a guardarci. Ih! se fosse più tardi! Torniamo in- 25 dietro, per non dar sospetto. Vedi che vien gente da tutte le parti: lasciamoli andar tutti a pollaio.'

C'era infatti quel brulichío, quel ronzío, che si sente in un villaggio, sulla sera, e che, dopo pochi momenti, dà luogo alla quiete solenne della notte. Le donne 30 venivan dal campo, portandosi in collo i bambini, e tenendo per la mano i ragazzi più grandini, ai quali facevan dire le divozioni della sera; venivan gli uomini, con le vanghe, e con le zappe sulle spalle. All'aprirsi degli usci, si vedevan luccicare qua e là 35 i fuochi accesi per le povere cene: si sentiva nella strada barattare i saluti, e qualche parola, sulla scarsità della raccolta, e sulla miseria dell'annata; e più delle parole, si sentivano i tocchi misurati e sonori della campana, che annunziava il finir del giorno.

5 Quando Renzo vide che i due indiscreti s'eran ritirati, continuò la sua strada nelle tenebre crescenti, dando sottovoce ora un ricordo, ora un altro, ora all'uno, ora all'altro fratello.   Arrivarono alla casetta di Lucia, ch'era già notte.

10   Tra il primo pensiero d'una impresa terribile, e l'esecuzione di essa l'intervallo è un sogno, pieno di fantasmi e di paure.   Lucia era, da molte ore, nell'angosce d'un tal sogno; e Agnese, Agnese medesima, l'autrice del consiglio, stava sopra pensiero, e trovava

15 a stento parole per rincorare la figlia.   Ma, al momento di destarsi, al momento cioè di dar principio all'opera, l'animo si trova tutto trasformato.   Al terrore e al coraggio che vi contrastavano, succede un altro terrore e un altro coraggio: l'impresa

20 s'affaccia alla mente, come una nuova apparizione; ciò che prima spaventava di più, sembra talvolta divenuto agevole tutt'a un tratto; talvolta comparisce grande l'ostacolo a cui s'era appena badato; l'immaginazione dà indietro sgomentata; le membra par

25 che ricusino d'ubbidire; e il cuore manca alle promesse che aveva fatte con più sicurezza.   Al picchiare sommesso di Renzo, Lucia fu assalita da tanto terrore, che risolvette, in que momento, di soffrire ogni cosa, di star sempre divisa da lui, piuttosto ch'eseguire

30 quella risoluzione; ma quando si fu fatto vedere, ed ebbe detto: 'son qui, andiamo'; quando tutti si mostraron pronti ad avviarsi, senza esitazione, come a cosa stabilita, irrevocabile; Lucia non ebbe tempo nè forza di far difficoltà, e, come strascinata, prese

35 tremando un braccio della madre, un braccio del promesso sposo, e si mosse con la brigata avventuriera.

Zitti, zitti, nelle tenebre, a passo misurato, usciron dalla casetta, e preser la strada fuori del paese. La più corta sarebbe stata d'attraversarlo: chè s'andava diritto alla casa di don Abbondio; ma scelsero quella, per non esser visti. Per viottole, tra gli orti e i 5 campi, arrivaron vicino a quella casa, e lì si divisero. I due promessi rimaser nascosti dietro l'angolo di essa; Agnese con loro, ma un po' più innanzi, per accorrere in tempo a fermar Perpetua, e a impadronirsene; Tonio, con lo scempiato di Gervaso, che non 10 sapeva far nulla da sè, e senza il quale non si poteva far nulla, s'affacciaron bravamente alla porta, e picchiarono.

'Chi è, a quest'ora?' gridò una voce dalla finestra, che s'aprì in quel momento: era la voce di Perpetua. 15 'Ammalati non ce n'è ch'io sappia. È forse accaduta qualche disgrazia?'

'Son io,' rispose Tonio, 'con mio fratello, che abbiam bisogno di parlare al signor curato.'

'È ora da cristiani questa?' disse bruscamente 20 Perpetua. 'Che discrezione? Tornate domani.'

'Sentite: tornerò o non tornerò: ho riscosso non so che danari, e venivo a saldar quel debituccio che sapete: aveva qui venticinque belle berlinghe nuove; ma se non si può, pazienza: questi, so come spen- 25 derli, e tornerò quando n'abbia messi insieme degli altri.'

'Aspettate, aspettate: vo e torno. Ma perchè venire a quest'ora?'

'Gli ho ricevuti, anch'io, poco fa; e ho pensato, 30 come vi dico, che, se li tengo a dormir con me, non so di che parere sarò domattina. Però, se l'ora non vi piace, non so che dire: per me, son qui; e se non mi volete, me ne vo.'

'No, no, aspettate un momento: torno con la ris- 35 posta.'

· Così dicendo, richiuse la finestra. A questo punto, Agnese si staccò dai promessi, e, detto sottovoce a Lucia: ' coraggio ; è un momento ; è come farsi cavar un dente,' si riunì ai due fratelli, davanti all'uscio ; e
5 si mise a ciarlare con Tonio, in maniera che Perpetua, venendo ad aprire, dovesse credere che si fosse abbattuta lì a caso, e che Tonio l'avesse trattenuta un momento.

XV

— CARNEADE !   Chi era costui?—ruminava tra sè
10 don Abbondio seduto sul suo seggiolone, in una stanza del piano superiore, con un libricciolo aperto davanti, quando Perpetua entrò a portargli l'imbasciata.—Carneade! questo nome mi par bene d'averlo letto o sentito ; doveva essere uomo di studio, un
15 letteratone del tempo antico : è un nome di quelli ; ma chi diavolo era costui ? —Tanto il pover'uomo era lontano da prevedere che burrasca gli si addensasse sul capo !
Bisogna sapere che don Abbondio si dilettava di
20 leggere un pochino ogni giorno ; e un curato suo vicino, che aveva un po' di libreria, gli prestava un libro dopo l'altro, il primo che gli veniva alle mani. Quello su cui meditava in quel momento don Abbondio, convalescente della febbre dello spavento, anzi
25 più guarito (quanto alla febbre) che non volesse lasciar credere, era un panegirico in onore di san Carlo, detto con molta enfasi, e udito con molta ammirazione nel duomo di Milano, due anni prima. Il santo v'era paragonato, per l'amore allo studio, ad
30 Archimede ; e fin qui don Abbondio non trovava inciampo ; perchè Archimede ne ha fatte di così curiose, ha fatto dir tanto di sè, che, per saperne qualche cosa, non c'è bisogno d'un'erudizione molto vasta. Ma,

dopo Archimede, l'oratore chiamava a paragone anche Carneade: e lì il lettore era rimasto arrenato. In quel momento entrò Perpetua ad annunziar la visita di Tonio.

'A quest'ora?' disse anche don Abbondio, com'era naturale.

'Cosa vuole? Non hanno discrezione: ma se non lo piglia al volo . . . .'

'Già: se non lo piglio ora, chi sa quando lo potrò pigliare! Fatelo venire . . . . Ehi! ehi! siete poi ben sicura che sia proprio lui?'

'Diavolo!' rispose Perpetua, e scese; aprì l'uscio, e disse: 'dove siete?' Tónio si fece vedere; e, nello stesso tempo, venne avanti anche Agnese, e salutò Perpetua per nome.

'Buona sera, Agnese,' disse Perpetua: 'di dove si viene, a quest'ora?'

'Vengo da . . . .' e nominò un paesetto vicino. 'E se sapeste . . . .' continuò: 'mi son fermata di più, appunto in grazia vostra.'

'Oh perchè?' domandò Perpetua; e voltandosi a' due fratelli, 'entrate,' disse, 'che vengo anch'io.'

'Perchè,' rispose Agnese, 'una donna di quelle che non sanno le cose, e voglion parlare . . . . credereste? s'ostinava a dire che voi non vi siete maritata con Beppe Suolavecchia, nè con Anselmo Lunghigna, perchè non v'hanno voluta, Io sostenevo che siete stata voi che gli avete rifiutati, l'uno e l'altro . . . .'

'Sicuro. Oh la bugiarda! la bugiardona! Chi è costei?'

'Non me lo domandate, che non mi piace metter male.'

'Me lo direte, me l'avete a dire: oh la bugiarda!'

'Basta . . . . ma non potete credere quanto mi sia dispiaciuto di non saper bene tutta la storia, per confonder colei.'

'Guardate se si può inventare, a questo modo!'
esclamò di nuovo Perpetua! e riprese subito: 'in
quanto a Beppe, tutti sanno, e hanno potuto vedere . . . . Ehi, Tonio! accostate l'uscio, e salite
5 pure, che vengo.' Tonio, di dentro, rispose di sì; e
Perpetua continuò la sua narrazione appassionata.

In faccia all'uscio di don Abbondio, s'apriva, tra
due casipole, una stradetta, che, finite quelle, voltava
in un campo. Agnese vi s'avviò, come se volesse
10 tirarsi alquanto in disparte, per parlar più liberamente; e Perpetua dietro. Quand'ebbero voltato, e
furono in luogo, donde non si poteva più veder ciò
che accadesse davanti alla casa di don Abbondio,
Agnese tossì forte. Era il segnale: Renzo lo sentì,
15 fece coraggio a Lucia, con una stretta di braccio; e
tutt'e due, in punta di piedi, vennero avanti, rasentando il muro, zitti zitti; arrivarono all'uscio, lo
spinsero adagino adagino; cheti e chinati, entraron
nell'andito, dov'erano i due fratelli, ad aspettarli.
20 Renzo accostò di nuovo l'uscio pian piano; e tutt'e
quattro su per le scale, non facendo rumore neppur
per uno. Giunti sul pianerottolo, i due fratelli s'av-
vicinarono all'uscio della stanza, ch'era di fianco alla
scala; gli sposi si strinsero al muro.
25 *Deo gratias,* disse Tonio a voce chiara.
'Tonio, eh? Entrate,' rispose la voce di dentro.
Il chiamato aprì l'uscio, appena quanto bastava
per poter passar lui e il fratello, a un per volta.
La striscia di luce, che uscì d'improvviso per quella
30 apertura, e si disegnò sul pavimento oscuro del pianerottolo, fece riscoter Lucia, come se fosse scoperta.
Entrati i fratelli, Tonio si tirò dietro l'uscio: gli sposi
rimasero immobili nelle tenebre, con l'orecchie tese,
tenendo il fiato: il rumore più forte era il martellar
35 che faceva il povero cuore di Lucia.
Don Abbondio stava, come abbiam detto, sur una

vecchia seggiola, ravvolto in una vecchia zimarra, con in capo una vecchia papalina, che gli faceva cornice intorno alla faccia, al lume scarso d'una piccola lucerna.

'Ah! ah!' fu il suo saluto, mentre si levava gli occhiali, e li riponeva nel libricciolo.

'Dirà il signor curato, che son venuto tardi,' disse Tonio, inchinandosi, come pure fece, ma più goffamente, Gervaso.

'Sicuro ch'è tardi: tardi in tutte le maniere. Lo sapete, che sono ammalato?'

'Oh! mi dispiace.'

'L'avrete sentito dire; sono ammalato, e non so quando potrò lasciarmi vedere .... Ma perchè vi siete condotto dietro quel .... quel figliuolo?'

'Così per compagnia, signor curato.'

'Basta, vediamo.'

'Son venticinque berlinghe nuove, di quelle col sant'Ambrogio a cavallo,' disse Tonio, levandosi un involtino di tasca.

'Vediamo,' replicò don Abbondio: e, preso l'involtino, si rimesse gli occhiali, l'aprì, cavò le berlinghe, le contò, le voltò, le rivoltò, le trovò senza difetto.

'Ora, signor curato, mi darà la collana della mia Tecla.'

'È giusto,' rispose don Abbondio; poi andò a un armadio, si levò una chiave di tasca, e, guardandosi intorno, come per tener lontani gli spettatori, aprì una parte di sportello, riempì l'apertura con la persona, mise dentro la testa, per guardare, e un braccio, per prender la collana; la prese, e, chiuso l'armadio, la consegnò a Tonio, dicendo: 'va bene?'

'Ora,' disse Tonio, 'si contenti di mettere un po' di nero sul bianco.'

'Anche questa!' disse don Abbondio: 'le sanno

tutte. Ih! com'è divenuto sospettoso il mondo! Non vi fidate di me?'

'Come, signor curato! s'io mi fido? Lei mi fa torto. Ma siccome il mio nome è sul suo libraccio, 5 dalla parte del debito . . . . dunque, giacchè ha già avuto l'incomodo di scrivere una volta, così . . . . dalla vita alla morte . . . .'

'Bene, bene,' interruppe don Abbondio, e brontolando, tirò a sè una cassetta del tavolino, levò fuori 10 carta, penna e calamaio, e si mise a scrivere, ripetendo a viva voce le parole, di mano in mano che gli uscivan dalla penna. Frattanto Tonio e, a un suo cenno, Gervaso, si piantaron ritti davanti al tavolino, in maniera d'impedire allo scrivente la vista dell'uscio; 15 e, come per ozio, andavano stropicciando, co' piedi, il pavimento, per dar segno a quei ch'erano fuori, d'entrare, e per confondere nello stesso tempo il rumore delle loro pedate. Don Abbondio, immerso nella sua scrittura, non badava ad altro. Allo stropicìo 20 de' quattro piedi, Renzo prese un braccio di Lucia, lo strinse, per darle coraggio, e si mosse, tirandosela dietro tutta tremante, che da sè non vi sarebbe potuta venire. Entraron pian piano, in punta di piedi, rattenendo il respiro; e si nascosero dietro i due 25 fratelli. Intanto don Abbondio, finito di scrivere, rilesse attentamente, senza alzar gli occhi dalla carta; la piegò in quattro, dicendo: 'ora sarete contento?' e, levatosi con una mano gli occhiali dal naso, la porse con l'altra a Tonio, alzando il viso. Tonio, allun- 30 gando la mano per prender la carta, si ritirò da una parte; Gervaso, a un suo cenno, dall'altra; e, nel mezzo, come al dividersi d'una scena, apparvero Renzo e Lucia. Don Abbondio, vide confusamente, poi vide chiaro, si spaventò, si stupì, s'infuriò, pensò, 35 prese una risoluzione: tutto questo nel tempo che Renzo mise a proferir le parole: 'signor curato, in

presenza di questi testimoni, quest'è mia moglie.' Le
sue labbra non erano ancora tornate al posto, che don
Abbondio, lasciando cader la carta, aveva già affer-
rata e alzata, con la mancina, la lucerna, ghermito,
con la diritta, il tappeto del tavolino, e tiratolo a sè,   5
con furia, buttando in terra libro, carta, calamaio e
polverino; e, balzando tra la seggiola e il tavolino,
s'era avvicinato a Lucia.   La poveretta, con quella
sua voce soave, e allora tutta tremante, aveva appena
potuto proferire: 'e questo....' che don Abbondio   10
le aveva buttato sgarbatamente il tappeto sulla testa
e sul viso, per impedirle di pronunziare intera la formola.   E subito, lasciata cader la lucerna che teneva
nell'altra mano, s'aiutò anche con quella a imbacuc-
carla col tappeto, che quasi la soffogava; e intanto   15
gridava quanto n'aveva in canna: 'Perpetua! Perpetua! tradimento! aiuto!'   Il lucignolo che moriva
sul pavimento, mandava una luce languida e saltel- -
lante sopra Lucia, la quale, affatto smarrita, non ten-
tava neppure di svolgersi, e poteva parere una statua   20
abbozzata in creta, sulla quale l'artefice ha gettato
un umido panno.   Cessata ogni luce, don Abbondio
lasciò la poveretta, e andò cercando a tastoni l'uscio
che metteva a una stanza più interna: lo trovò, entrò
in quella, si chiuse dentro, gridando tuttavia: 'Per-   25
petua! tradimento! aiuto! fuori di questa casa!
fuori di questa casa!'   Nell'altra stanza, tutto era
confusione: Renzo, cercando di fermare il curato, e re-
mando con le mani, come se facesse a mosca cieca, era
arrivato all'uscio, e picchiava, gridando: 'apra, apra;   30
non faccia schiamazzo.'   Lucia chiamava Renzo, con
voce fioca, e diceva, pregando: 'andiamo, andiamo,
per l'amor di Dio.'   Tonio, carpone, andava spazzando
con le mani il pavimento, per veder di raccapezzare la
sua ricevuta.   Gervaso, spiritato, gridava e saltellava,   35
cercando l'uscio di scala, per uscire a salvamento.

XVI

IN mezzo a questa serra serra, non possiam lasciar di fermarci un momento a fare una riflessione. Renzo, che strepitava di notte in casa altrui, che vi s'era introdotto di soppiatto, e teneva il padrone stesso
5 assediato in una stanza, ha tutta l'apparenza d'un oppressore; eppure, alla fin de' fatti, era l'oppresso. Don Abbondio, sorpreso, messo in fuga, spaventato, mentre attendeva tranquillamente a'fatti suoi, parrebbe la vittima; eppure, in realtà, era lui che faceva
10 un sopruso. Così va spesso il mondo . . . . voglio dire, così andava nel secolo decimo settimo.

L'assediato, vedendo che il nemico non dava segno di ritirarsi, aprì una finestra che guardava sulla piazza della chiesa, e si diede a gridare: 'aiuto! aiuto!' Era
15 il più bel chiaro di luna; l'ombra della chiesa, e più in fuori l'ombra lunga ed acuta del campanile, si stendeva bruna e spiccata sul piano erboso e lucente della piazza: ogni oggetto si poteva distinguere, quasi come di giorno. Ma, fin dove arrivava lo sguardo,
20 non appariva indizio di persona vivente. Contiguo però al muro laterale della chiesa, e appunto dal lato che rispondeva verso la casa parrochiale, era un piccolo abituro, un bugigattolo, dove dormiva il sagrestano. Fu questo riscosso da quel disordinato grido,
25 fece un salto, scese il letto in furia, aprì l'impannata d'una sua finestrina, mise fuori la testa, con gli occhi tra' peli, e disse: 'cosa c'è?'

'Correte, Ambrogio! aiuto! gente in casa,' gridò verso lui don Abbondio. 'Vengo subito,' rispose
30 quello; tirò indietro la testa, richiuse la sua impannata, e, quantunque mezzo tra'l sonno, e più che mezzo sbigottito, trovò su due piedi un espediente per dar più aiuto di quello che gli si chiedeva, senza

mettersi lui nel tafferuglio, quale si fosse. Dà di piglio
alle brache, che teneva sul letto; se le caccia sotto il
braccio come un cappello di gala, e giù balzelloni per
una scaletta di legno; corre al campanile, afferra la
corda della più grossa di due campanette che c'erano, 5
e suona a martello.

Ton, ton, ton, ton: i contadini balzano a sedere sul
letto: i giovinetti sdraiati sul fenile, tendon l'orecchio, si rizzano. 'Cos'è? Cos'è? Campana a martello!
fuoco? ladri? banditi?' Molte donne consigliano, 10
pregano i mariti, di non moversi, di lasciar correre
gli altri: alcuni s'alzano, e vanno alla finestra: i
poltroni, come se si arrendessero alle preghiere, ritor-
nan sotto: i più curiosi e più bravi scendono a prender le forche e gli schioppi, per correre al rumore: 15
altri stanno a vedere.

Ma, prima che quelli fossero all'ordine, prima anzi
che fosser ben desti, il rumore era giunto agli orecchi
d'altre persone che vegliavano, non lontano, ritte e
vestite: i bravi in un luogo, Agnese e Perpetua in 20
un altro. Diremo prima brevemente ciò che facesser
coloro, dal momento in cui gli abbiamo lasciati, parte
nel casolare e parte all'osteria. Questi tre, quando
videro tutti gli usci chiusi e la strada deserta, uscirono
in fretta, come se si fossero avvisti d'aver fatto tardi, 25
e dicendo di voler andar subito a casa; diedero una
giravolta per il paese, per venire in chiaro se tutti
eran ritirati; e in fatti, non incontrarono anima
vivente, nè sentirono il più piccolo strepito. Pas-
sarono anche, pian piano, davanti alla nostra povera 30
casetta: la più quieta di tutte, giacchè non c'era più
nessuno. Andarono allora diviato al casolare, e fecero
la loro relazione al signor Griso. Subito, questo si mise
in testa un cappellaccio, sulle spalle un sanrocchino di
tela incerata, sparso di conchiglie; prese un bordone 35
da pellegrino, disse: 'andiamo da bravi: zitti, e attenti

agli ordini,' s'incamminò al primo, gli altri dietro;
e, in un momento, arrivarono alla casetta, per una
strada opposta a quella per cui se n'era allontanata
la nostra brigatella, andando anch'essa alla sua spedi-
5 zione. Il Griso trattenne la truppa, alcuni passi
lontano, andò innanzi solo ad esplorare, e, visto tutto
deserto e tranquillo di fuori, fece venire avanti due di
quei tristi, diede loro ordine di scalar adagino il muro
che chiudeva il cortiletto, e, calati dentro, nascon-
10 dersi in un angolo, dietro un folto fico, sul quale aveva
messo l'occhio, la mattina. Ciò fatto, picchiò pian
piano, con intenzione di dirsi un pellegrino smarrito,
che chiedeva ricovero, fino a giorno. Nessun risponde: ripicchia un po' più forte; nemmeno uno zitto.
15 Allora, va a chiamare un terzo malandrino, lo fa
scendere nel cortiletto, come gli altri due, con l'ordine di sconficcare adagio il paletto, per aver libero
l'ingresso e la ritirata. Tutto s'eseguisce con gran
cautela, e con prospero successo. Va a chiamar gli
20 altri, li fa entrar con sè, li manda a nascondersi
accanto ai primi; accosta adagio adagio l'uscio di
strada, vi posta due sentinelle di dentro; e va diritto
all'uscio del terreno. Picchia anche lì, e aspetta: e
poteva ben aspettare. Sconficca pian pianissimo
25 anche quell'uscio: nessuno di dentro dice: chi va
là? nessuno si fa sentire: meglio non può andare.
Avanti dunque: 'st,' chiama quei del fico, entra con
loro nella stanza terrena, dove, la mattina, aveva
scelleratamente accattato quel pezzo di pane. Cava
30 fuori esca, pietra, acciarino e zolfanelli, accende un
suo lanternino, entra nell'altra stanza più interna,
per accertarsi che nessun ci sia: non c'è nessuno.
Torna indietro, va all'uscio di scala, guarda, porge
l'orecchio: solitudine e silenzio. Lascia due altre
35 sentinelle a terreno, si fa venir dietro il Grignapoco,
ch'era un bravo del contado di Bergamo, il quale solo

doveva minacciare, acchetare, comandare, essere insomma il dicitore, affinchè il suo linguaggio potesse
far credere ad Agnese che la spedizione veniva da
quella parte. Con costui al fianco, e gli altri dietro,
il Griso sale adagio adagio, bestemmiando in cuor 5
suo ogni scalino che scricchiolasse, ogni passo di
que' mascalzoni che facesse rumore. Finalmente è
in cima. Qui giace la lepre. Spinge mollemente
l'uscio che mette alla prima stanza; l'uscio cede, si
fa spiraglio: vi mette l'occhio; è buio: vi mette 10
l'orecchio, per sentire se qualcheduno russa, fiata,
brulica là dentro; niente. Dunque avanti: si mette
la lanterna davanti al viso, per vedere, senza esser
veduto, spalanca l'uscio, vede un letto; addosso: il
letto è fatto e spianato, con la rimboccatura arroves- 15
ciata, e composta sul capezzale. Si stringe nelle
spalle, si volta alla compagnia, accenna loro che va a
vedere nell'altra stanza, e che gli vengan dietro pian
piano; entra, fa le stesse cerimonie, trova la stessa
cosa. 'Che diavolo è questo?' dice allora: 'che 20
qualche cane traditore abbia fatto la spia?' Si metton tutti, con men cautela, a guardare, a tastare per
ogni canto, buttan sottosopra la casa.

Mentre costoro sono in tali faccende, i due che fan
la guardia all'uscio di strada, sentono un calpestìo di 25
passini frettolosi, che s'avvicinano in fretta; s'im-
maginano che, chiunque sia, passerà diritto; stan
quieti, e, a buon conto, si mettono all'erta. In fatti,
il calpestìo si ferma appunto all'uscio. Era Menico
che veniva di corsa, mandato dal padre Cristoforo ad 30
avvisar le due donne che, per l'amor del cielo, scap-
passero subito di casa, e si rifugiassero al convento,
perchè .... il perchè lo sapete. Prende là maniglia
del paletto, per picchiare, e se lo sente tentennare
in mano, schiodato e sconficcato.—Che è questo?— 35
pensa; e spinge l'uscio con paura: quello s'apre.

Menico mette il piede dentro, in gran sospetto, e si
sente a un punto acchiappar per le braccia, e due voci
sommesse, a destra e a sinistra, che dicono, in tono
minaccioso : 'zitto! o sei morto.' Lui invece caccia
5 un urlo : uno di que' malandrini gli mette una mano
alla bocca; l'altro tira fuori un coltellaccio, per
fargli paura. Il garzoncello trema come una foglia,
e non tenta neppur di gridare ; ma, tutt'a un tratto,
in vece di lui, e con ben altro tono, si fa sentir quel
10 primo tocco di campana così fatto, e dietro una tempesta di rintocchi in fila. Chi è in difetto è in sospetto,
dice il proverbio milanese; all'uno e all'altro furfante,
parve di sentire in que' tocchi il suo nome, cognome
e soprannome: lasciano andar le braccia di Menico,
15 ritirano le loro in furia, spalancan la mano e la bocca,
si guardano in viso, e corrono alla casa, dov'era il
grosso della compagnia. Menico, via a gambe per la
strada, alla volta del campanile, dove a buon conto
qualcheduno ci doveva essere. Agli altri furfanti
20 che frugavan la casa, dall'alto al basso, il terribile
tocco fece la stessa impressione: si confondono, si
scompigliano, s'urtano a vicenda: ognuno cerca la
strada più corta, per arrivare all'uscio. Eppure era
tutta gente provata e avvezza a mostrare il viso; ma
25 non poterono star saldi contro un pericolo indeter-
minato, e che non s'era fatto vedere un po' da lontano, prima di venir loro addosso. Ci volle tutta la
superiorità del Griso a tenerli insieme, tanto che
fosse ritirata e non fuga. Come il cane che scorta
30 una mandra di porci, corre or qua or là a quei che si
sbandano ; ne addenta uno per un orecchio, e lo tira
in ischiera ; ne spinge un altro col muso ; abbaia a un
altro che esce di fila in quel momento; così il pellegrino
acciuffa un di coloro, che già toccava la soglia, e lo
35 strappa indietro ; caccia indietro col bordone uno e un
altro che s'avviavan da quella parte : grida agli altri

che corron qua e là, senza saper dove ; tanto che li
raccozzò tutti nel mezzo del cortiletto. 'Presto,
presto ! pistole in mano, coltelli in pronto, tutti
insieme ; e poi anderemo : così si va. Chi volete che
ci tocchi, se stiam ben insieme, sciocconi? Ma, se ci 5
lasciamo acchiappare a uno a uno, anche i villani ce
ne daranno. Vergogna ! Dietro a me, e uniti.' Dopo
questa breve arringa, si mise alla fronte, e uscì il
primo. La casa, come abbiam detto, era in fondo al
villaggio ; il Griso prese la strada che metteva fuori, e 10
tutti gli andaron dietro in buon ordine.

XVII

LASCIAMOLI andare, e torniamo un passo indietro
a prendere Agnese e Perpetua, che abbiam lasciate
in una certa stradetta. Agnese aveva procurato
d'allontanar l'altra dalla casa di don Abbondio, il 15
più che fosse possibile : e, fino a un certo punto, la
cosa era andata bene. Ma tutt'a un tratto, la serva
s'era ricordata dell'uscio rimasto aperto, e aveva
voluto tornare indietro. Non c'era che ridire : Agnese,
per non farle nascere qualche sospetto, aveva dovuto 20
voltar con lei, e andarle dietro, cercando però di
trattenerla, ogni volta che la vedesse riscaldata ben
bene nel racconto di que' tali matrimoni andati a
monte. Mostrava di darle molta udienza, e, ogni
tanto, per far vedere che stava attenta, o per ravviare 25
il cicalìo, diceva : 'sicuro : adesso capisco : va benissimo : è chiara : e poi ? e lui ? e voi ? ' Ma intanto,
faceva un altro discorso con sè stessa.—Saranno
usciti a quest' ora ? o saranno ancor dentro ? Che
sciocchi che siamo stati tutt' e tre, a non concertar 30
qualche segnale, per avvisarmi, quando la cosa fosse

riuscita! È stata proprio grossa! Ma è fatta: ora
non c'è altro che tener costei a bada, più che posso:
alla peggio, sarà un po' di tempo perduto.—Così, a
corserelle e a fermatine, eran tornate poco distante
5 dalla casa di don Abbondio, la quale però non vedevano, per ragione di quella cantonata: e Perpetua,
trovandosi a un punto importante del racconto, s'era
lasciata fermare senza far resistenza, anzi senza
avvedersene; quando, tutt'a un tratto, si sentì venir
10 rimbombando dall'alto, nel vano immoto dell'aria
per l'ampio silenzio della notte, quel primo sghan-
gherato grido di don Abbondio: 'aiuto! aiuto!'

'Misericordia! cos'è stato?' gridò Perpetua, e volle
correre.

15 'Cosa c'è? cosa c'è?' disse Agnese, tenendola per
la sottana.

'Misericordia! non avete sentito?' replicò quella,
svincolandosi.

'Cosa c'è? cosa c'è?' ripetè Agnese, afferrandola
20 per un braccio.

'Diavolo d'una donna!' esclamò Perpetua, respin-
gendola, per mettersi in libertà; e prese la rincorsa.
Quando, più lontano, più acuto, più istantaneo, si
sente l'urlo di Menico.

25 'Misericordia!' grida anche Agnese; e di galoppo
dietro l'altra. Avevan quasi appena alzati i calcagni,
quando scoccò la campana: un tocco, e due e tre, e
seguita: sarebbero stati sproni, se quelle ne avessero
avuto bisogno. Perpetua arriva, un momento prima
30 dell'altra; mentre vuole spinger l'uscio, l'uscio si
spalanca di dentro, e sulla soglia compariscono Tonio,
Gervaso, Renzo, Lucia, che trovata la scala, eran
venuti giù saltelloni; e, sentendo poi quel terribile scampanìo, correvano in furia, a mettersi in
35 salvo.

'Cosa c'è? cosa c'è?' domandò Perpetua ansante

ai fratelli, che le risposero con un urtone, e scanton-
arono. 'E voi! come! che fate qui voi?' domandò
poscia all'altra coppia, quando l'ebbe raffigurata.
Ma quelli pure usciron senza rispondere. Perpetua,
per accorrere dove il bisogno era maggiore, non do- 5
mandò altro, entrò in fretta nell'andito, e corse, come
poteva al buio, verso la scala.

I due sposi rimasti promessi si trovarono in faccia
Agnese, che arrivava tutt'affannata. 'Ah siete qui!'
disse questa, cavando fuori la parola a stento: 10
'com'è andata? cos'è la campana? mi par d'aver
sentito . . . .'

'A casa, a casa,' diceva Renzo, 'prima che venga
gente.' E s'avviavano; ma arriva Menico di corsa,
li riconosce, li ferma, e ancor tutto tremante, con 15
voce mezza fioca, dice: 'dove andate? indietro,
indietro! per di qua, al convento!'

'Sei tu che . . . . ?' cominciava Agnese.

'Cosa c'è d'altro?' domandava Renzo. Lucia,
tutta smarrita, taceva e tremava.   20

'C'è il diavolo in casa,' riprese Menico ansante.
'Gli ho visti io: m'hanno voluto ammazzare: l'ha
detto il padre Cristoforo: e anche voi, Renzo, ha detto
che veniate subito: e poi gli ho visti io: provvidenza
che vi trovo qui tutti! vi dirò poi, quando saremo 25
fuori.'

Renzo, ch'era il più in sè di tutti, pensò che, di qua
o di là, conveniva andar subito, prima che la gente
accorresse; e che la più sicura era di far ciò che Menico consigliava, anzi comandava, con la forza d'uno 30
spaventato. Per istrada poi, e fuor del pericolo, si
potrebbe domandare al ragazzo una spiegazione più
chiara. 'Cammina avanti,' gli disse. 'Andiam con
lui,' disse alle donne. Voltarono, s'incamminarono
in fretta verso la chiesa, attraversaron la piazza, dove 35
per grazia del cielo, non c'era ancora anima vivente;

· entrarono in una stradetta che era tra la chiesa e la
casa di don Abbondio; al primo buco che videro in
una siepe, dentro, e via per i campi.

Non s'eran forse allontanti un cinquanta passi,
5 quando la gente cominciò ad accorrere sulla piazza, e
ingrossava ogni momento. Si guardavano in viso gli
uni con gli altri : ognuno aveva una domanda da fare,
nessuno una risposta da dare. I primi arrivati corsero alla porta della chiesa : era serrata. Corsero al
10 campanile di fuori ; e uno di quelli, messa la bocca a
un finestrino, una specie di feritoia, cacciò dentro un :
'che diavolo c'è?' Quando Ambrogio sentì una voce
conosciuta, lasciò andar la corda ; e assicurato dal
ronzìo, ch'era accorso molto popolo, rispose : 'vengo
15 ad aprire.' Si mise in fretta l'arnese che aveva portato sotto il braccio, venne, dalla parte di dentro, alla
porta della chiesa, e l'aprì.

'Cos'è tutto questo fracasso?—Cos'è?—Dov'è?—
Chi è?'

20 'Come, chi è?' disse Ambrogio, tenendo con una
mano un battente della porta, e, con l'altra, il lembo
di quel tale arnese, che s'era messo così in fretta :
'come! non lo sapete? gente in casa del signor curato.
Animo, figliuoli : aiuto.' Si voltan tutti a quella casa,
25 vi s'avvicinano in folla, guardano in su, stanno in
orecchi : tutto quieto. Altri corrono dalla parte dove
c'era l'uscio : è chiuso, e non par che sia stato toccato.
Guardano in su anche loro : non c'è una finestra
aperta : non si sente uno zitto.

30 'Chi è la dentro?—Ohe. ohe!—Signor curato!—
Signor curato!'

Don Abbondio, il quale, appena accortosi della fuga
degli invasori, s'era ritirato dalla finestra, e l'aveva
richiusa, e che in questo momento stava a bistic-
35 ciar sotto voce con Perpetua, che l'aveva lasciato
solo in quell'imbroglio, dovette, quando si sentì

chiamare a voce di popolo, venir di nuovo alla finestra; e visto quel gran soccorso, si pentì d'averlo chiesto.

'Cos'è stato?—Che le hanno fatto?—Chi sono costoro? Dove sono?' gli veniva gridato da cinquanta 5 voci a un tratto.

'Non c'è più nessuno: vi ringrazio: tornate pure a casa.'

'Ma chi è stato?—Dove sono andati?—Che è accaduto?' 10

'Cattiva gente, gente che gira di notte; ma sono fuggiti: tornate a casa: non c'è più niente: un'altra volta, figliuoli: vi ringrazio del vostro buon cuore.' E, detto questo, si ritirò, e chiuse la finestra. Qui alcuni cominciarono a brontolare, altri a canzonare, 15 altri a sagrare; altri si stringevan nelle spalle, e se n'andavano: quando arriva uno tutto trafelato, che stentava a formar le parole. Stava costui di casa quasi dirimpetto alle nostre donne, ed essendosi, al rumore, affacciato alla finestra, aveva veduto nel cor- 20 tiletto quello scompiglio de'bravi, quando il Griso s'affannava a raccoglierli. Quand'ebbe ripreso fiato, gridò: 'che fate qui, figliuoli? non è qui il diavolo; è giù in fondo alla strada, alla casa d'Agnese Mondella: gente armata; son dentro; par che vogliano ammaz- 25 zare un pellegrino; chi sa che diavolo c'è!'

'Che? — Che? — Che?' E comincia una consulta tumultuosa. 'Bisogna andare. — Bisogna vedere. — Quanti sono? — Quanti siamo? — Chi sono? — Il console! il console!' 30

'Son qui,' risponde il console, di mezzo alla folla: 'son qui; ma bisogna aiutarmi, bisogna ubbidire. Presto: dov'è il sagrestano? Alla campana, alla campana. Presto: uno che corra a Lecco a cercar soccorso: venite qui tutti . . . .' 35

Chi accorre, chi sguizza tra uomo e uomo, e se la

batte; il tumulto era grande, quando arriva un altro,
che gli aveva veduti partire in fretta, e grida: 'correte, figliuoli: ladri, o banditi che scappano con un
pellegrino: son già fuori del paese: addosso! addosso!'
5 A quest'avviso, senza aspettar gli ordini del capitano,
si movono in massa, e giù alla rinfusa per la strada;
di mano in mano che l'esercito s'avanza, qualcheduno di quei della vanguardia rallenta il passo, si
lascia sopravanzare, e si ficca nel corpo della battaglia:
10 gli ultimi spingono innanzi: lo sciame confuso giunge
finalmente al luogo indicato.   Le tracce dell'inva-
sione eran fresche e manifeste: l'uscio spalancato, la
serratura sconficcata; ma gl'invasori erano spariti.
S'entra nel cortile; si va all'uscio del terreno: aperto
15 e sconficcato anche quello: si chiama: 'Agnese!
Lucia! Il pellegrino! Dov'è il pellegrino? L'avrà
sognato Stefano, il pellegrino! — No, no: l'ha visto
anche Carlandrea.   Ohe, pellegrino! — Agnese!
Lucia!' Nessuno risponde.   'Le hanno portate via!
20 Le hanno portate via!' Ci fu allora di quelli che,
alzando la voce, proposero d'inseguire i rapitori: che
era un'infamità; e sarebbe una vergogna per il paese,
se ogni birbone potesse a man salva venire a portar
via le donne, come il nibbio i pulcini da un'aia deserta.
25 Nuova consulta e più tumultuosa: ma uno (e non si
seppe mai bene chi fosse stato) gettò nella brigata
una voce, che Agnese e Lucia s'eran messe in salvo in
una casa.   La voce corse rapidamente, ottenne cred-
enza; non si parlò più di dar la caccia ai fuggitivi; e
30 la brigata si sparpagliò, andando ognuno a casa sua.
Era un bisbiglio, uno strepito, un picchiare e un
aprir d'usci, un apparire e uno sparir di lucerne, un
interrogare di donne dalle finestre, un rispondere
dalla strada.   Tornata questa deserta e silenziosa, i
35 discorsi continuaron nelle case, e moriron negli sba-
digli, per ricominciar poi la mattina.   Fatti, però, non

ce ne fu altri; se non che, quella medesima mattina, il console, stando nel suo campo, col mento in una mano, e il gomito appoggiato sul manico della vanga mezza ficcata nel terreno, e con un piede sul vangile; stando, dico, a speculare tra sè sui misteri 5 della notte passata, e sulla ragion composta di ciò che gli toccasse a fare, e di ciò che gli convenisse fare, vide venirsi incontro due uomini d'assai gagliarda presenza, chiomati come due re de' Franchi della prima razza, e somigliantissimi nel resto a que' due 10 che cinque giorni prima avevano affrontato don Abbondio, se pur non eran que' medesimi. Costoro, con un fare ancor men cerimonioso, intimarono al console che guardasse bene di non far deposizione al podestà dell'accaduto, di non rispondere il vero, 15 caso che ne venisse interrogato, di non ciarlare, di non fomentar le ciarle de' villani, per quanto aveva cara la speranza di morir di malattia.

XVIII

I NOSTRI fuggiaschi camminarono un pezzo di buon trotto, in silenzio, voltandosi, ora l'uno ora l'altro, a 20 guardare se nessuno gl'inseguiva, tutti in affanno per la fatica della fuga, per il batticuore e per la sospensione in cui erano stati, per il dolore della cattiva riuscita, per l'apprensione confusa del nuovo oscuro pericolo. E ancor più in affanno li teneva l'incalzare 25 continuo di que' rintocchi, i quali, quanto, per l'allontanarsi, venivan più fiochi e ottusi, tanto pareva che prendessero, un non so che di più lugubre e sinistro. Finalmente cessarono. I fuggiaschi allora, trovandosi in un campo disabitato, e non sentendo un alito 30 all'intorno, rallentarono il passo; e fu la prima

Agnese che, ripreso fiato, ruppe il silenzio, domandando a Renzo com'era andata, domandando a
Menico cosa fosse quel diavolo in casa. Renzo
raccontò brevemente la sua trista storia; e tutt'e
5 tre si voltarono al fanciullo, il quale riferì più
espressamente l'avviso del padre, e raccontò quello
ch'egli stesso aveva veduto e rischiato, e che pur
troppo confermava l'avviso. Gli ascoltatori com-
presero più di quel che Menico avesse saputo dire: a
10 quella scoperta, si sentiron rabbrividire; si fermaron
tutt'e tre a un tratto; si guardarono in viso l'un con
l'altro, spaventati; e subito, con un movimento
unanime, tutt'e tre posero una mano, chi sul capo,
chi sulle spalle del ragazzo, come per accarezzarlo,
15 per ringraziarlo tacitamente che fosse stato per loro
un angelo tutelare, per dimostrargli la compassione
che sentivano dell'angoscia da lui sofferta, e del pericolo corso per la loro salvezza; e quasi per chieder-
gliene scusa. 'Or torna a casa, perchè i tuoi non
20 abbiano a star più in pena per te,' gli disse Agnese; e
rammentandosi delle due parpagliole promesse, se ne
levò quattro di tasca, e gliele diede, aggiungendo:
'basta; prega il Signore che ci rivediamo presto: e
allora . . . .' Renzo gli diede una berlinga nuova,
25 e gli raccomandò molto di non dir nulla della commissione avuta dal frate; Lucia l'accarezzò di nuovo, lo
salutò con voce accorata; il ragazzo li salutò tutti,
intenerito; e tornò indietro. Quelli ripresero la loro
strada, tutti pensierosi; le donne innanzi, e Renzo
30 dietro, come per guardia. Lucia stava stretta al
braccio della madre, e scansava dolcemente, e con
destrezza, l'aiuto che il giovine le offriva ne'passi
malagevoli di quel viaggio fuor di strada; vergognosa
in sè, anche in un tale turbamento, d'esser già stata
35 tanto sola con lui, e tanto famigliarmente, quando
s'aspettava di divenir sua moglie, tra pochi momenti.

Ora, svanito così dolorosamente quel sogno, si pentiva d'essere andata troppo avanti, e, tra tante cagioni di tremare, tremava anche per quel pudore che non nasce dalla trista scienza del male, per quel pudore che ignora sè stesso, somigliante alla paura del fan- 5 ciullo, che trema nelle tenebre, senza saper di che.

'E la casa?' disse a un tratto Agnese. Ma, per quanto la domanda fosse importante, nessuno rispose, perchè nessuno poteva darle una risposta soddisfacente. Continuarono in silenzio la loro strada, e 10 poco dopo, sboccarono finalmente sulla piazzetta davanti alla chiesa del convento.

Renzo s'affacciò alla porta, e la sospinse bel bello. La porta di fatto s'aprì; e la luna, entrando per lo spiraglio, illuminò la faccia pallida, e la barba d'argento 15 del padre Cristoforo, che stava quivi ritto in aspettativa. Visto che non ci mancava nessuno, 'Dio sia benedetto!' disse, e fece lor cenno ch'entrassero. Accanto a lui, stava un altro cappuccino; ed era il laico sagrestano, ch'egli, con preghiere e con ragioni, 20 aveva persuaso a vegliar con lui, a lasciar socchiusa la porta, e a starci in sentinella, per accogliere que'poveri minacciati: e non si richiedeva meno dell'autorità del padre, e della sua fama di santo, per ottenere dal laico una condiscendenza incomoda, pericolosa e 25 irregolare. Entrati che furono, il padre Cristoforo riaccostò la porta adagio adagio. Allora il sagrestano non potè più reggere, e, chiamato il padre da una parte, gli andava susurrando all'orecchio: 'ma padre, padre! di notte .... in chiesa .... con 30 donne .... chiudere .... la regola .... ma padre!' E tentennava la testa. Mentre diceva stentatamente quelle parole,—vedete un poco!—pensava il padre Cristoforo,—se fosse un masnadiero inseguito, fra Fazio non gli farebbe una difficoltà al mondo; e una 35 povera innocente, che scappa dagli artigli del lupo ....

—‘*Omnia munda mundis*,’ disse poi, voltandosi tutt’a un tratto a fra Fazio, e dimenticando che questo non intendeva il latino. Ma una tale dimenticanza fu appunto quella che fece l’effetto. Se il
5 padre si fosse messo a questionare con ragioni, a fra Fazio non sarebber mancate altre ragioni da opporre; e sa il cielo quando e come la cosa sarebbe finita. Ma, al sentir quelle parole gravide d’un senso misterioso, e proferite così risolutamente, gli parve che
10 in quelle dovesse contenersi la soluzione di tutti i suoi dubbi. S’acquietò, e disse: ‘basta! lei ne sa più di me.’

‘Fidatevi pure,’ rispose il padre Cristoforo; e all’ incerto chiarore della lampada che ardeva davanti
15 all’altare, s’accostò ai ricoverati, i quali stavano sospesi aspettando, e disse loro: ‘figliuoli! ringraziate il Signore, che v’ha scampati da un gran pericolo. Forse in questo momento . . . . !’ E qui si mise a spiegare ciò che aveva fatto accennare dal piccol messo:
20 giacchè non sospettava ch’essi ne sapesser più di lui, e supponeva che Menico gli avesse trovati tranquilli in casa, prima che arrivassero i malandrini. Nessuno lo disingannò, nemmeno Lucia, la quale però sentiva un rimorso segreto d’una tale dissimulazione,
25 con un tal uomo: ma era la notte degl’imbrogli e de’ sotterfugi.

‘Dopo di ciò,’ continuò egli, ‘vedete bene, figliuoli, che ora questo paese non è sicuro per voi. È il vostro; ci siete nati; non avete fatto male a nessuno; ma
30 Dio vuol così. È una prova, figliuoli: sopportatela con pazienza, con fiducia, senza odio, e siate sicuri che verrà un tempo in cui vi troverete contenti di ciò che ora accade. Io ho pensato a trovarvi un rifugio, per questi primi momenti. Presto, io spero, potrete
35 ritornar sicuri a casa vostra; a ogni modo, Dio vi provvederà, per il vostro meglio; e io certo mi studi-

erò di non mancare alla grazia che mi fa, scegliendomi per suo ministro, nel servizio di voi suoi poveri cari tribolati. Voi,' continuò volgendosi alle due donne, 'potrete fermarvi a ***. Là sarete abbastanza fuori d'ogni pericolo, e, nello stesso tempo, non 5 troppo lontane da casa vostra. Cercate del nostro convento, fate chiamare il padre guardiano, dategli questa lettera: sarà per voi un altro fra Cristoforo. E anche tu, il mio Renzo, anche tu devi metterti, per ora, in salvo dalla rabbia degli altri, e dalla tua. 10 Porta questa lettera al padre Bonaventura da Lodi, nel nostro convento di Porta Orientale in Milano. Egli ti farà da padre, ti guiderà, ti troverà del lavoro, per fin che tu non possa tornare a viver qui tranquillamente. Andate alla riva del lago, vicino allo sbocco 15 del Bione.' È un torrente a pochi passi da Pescarenico. 'Lì vedrete un battello fermo; direte: barca; vi sarà domandato per chi; rispondete: san Francesco. La barca vi riceverà, vi trasporterà all'altra riva, dove troverete un baroccio che vi condurrà 20 addirittura fino a ***.'

Chi domandasse come fra Cristoforo avesse così subito a sua disposizione que'mezzi di trasporto, per acqua e per terra, farebbe vedere di non conoscere qual fosse il potere d'un cappucino tenuto in concetto 25 di santo.

Restava da pensare alla custodia delle case. Il padre ne ricevette le chiavi, incaricandosi di consegnarle a quelli che Renzo e Agnese gl'indicarono. Quest'ultima levandosi di tasca la sua, mise un gran 30 sospiro, pensando che, in quel momento, la casa era aperta, che c'era stato il diavolo, e chi sa cosa ci rimaneva da custodire!

'Prima che partiate,' disse il padre, 'preghiamo tutti, insieme il Signore, perchè sia con voi, in questo 35 viaggio, e sempre; e sopra tutto vi dia forza, vi dia

amore di volere ciò ch'Egli ha voluto.' Così dicendo s'inginocchiò nel mezzo della chiesa; e tutti fecer lo stesso. Dopo ch'ebbero pregato, alcuni momenti, in silenzio, il padre, con voce sommessa, ma distinta,
5 articolò queste parole: 'noi vi preghiamo ancora per quel poveretto che ci ha condotti a questo passo. Noi saremmo indegni della vostra misericordia, se non ve la chiedessimo di cuore per lui: ne ha tanto bisogno! Noi, nella nostra tribolazione, abbiamo
10 questo conforto, che siamo nella strada dove ci avete messi Voi: possiamo offrirvi i nostri guai; e diventano un guadagno. Ma lui!.... è vostro nemico. Oh disgraziato! compete con Voi! Abbiate pietà di lui, o Signore, toccategli il cuore, rendetelo vostro
15 amico, concedetegli tutti i beni che noi possiamo desiderare a noi stessi.'

Alzatosi poi, come in fretta, disse: 'via, figliuoli, non c'è tempo da perdere: Dio vi guardi, il suo angelo v'accompagni: andate.' E mentre s'avvia-
20 vano, con quella commozione che non trova parole e che si manifesta senza di esse, il padre soggiunse, con voce alterata: 'il cuor mi dice che ci rivedremo presto.'

Senza aspettar risposta, fra Cristoforo, andò verso
25 la sagrestia; i viaggiatori usciron di chiesa; e fra Fazio chiuse la porta, dando loro un addio, con la voce alterata anche lui. Essi s'avviarono zitti zitti alla riva ch'era stata loro indicata; videro il battello pronto, e data e barattata la parola, c'entrarono. Il
30 barcaiolo, puntando un remo alla proda, se ne staccò; afferrato poi l'altro remo, e vogando a due braccia, prese il largo, verso la spiaggia opposta. Non tirava un alito di vento; il lago giaceva liscio e piano, e sarebbe parso immobile, se non fosse stato il tremo-
35 lare e l'ondeggiar leggiero della luna, che vi si specchiava da mezzo il cielo. S'udiva soltanto il flotto

morto e lento frangersi sulle ghiaie del lido, il gor-
goglìo più lontano dell'acqua rotta tra le pile del ponte,
e il tonfo misurato di que' due remi, che tagliavano la
superficie azzurra del lago, uscivano a un colpo gron-
danti, e si rituffavano. L'onda segata dalla barca, 5
riunendosi dietro la poppa, segnava una striscia in-
crespata, che s'andava allontanando dal lido. I pas-
seggieri silenziosi, con la testa voltata indietro,
guardavano i monti, e il paese rischiarato dalla luna,
e variato qua e là di grand'ombre. Si distinguevano 10
i villaggi, le case, le capanne : il palazzotto di don
Rodrigo, con la sua torre piatta, elevato sopra le ca-
succe ammucchiate alla falda del promontorio, pareva
un feroce che, ritto nelle tenebre, in mezzo a una
compagnia d'addormentati, vegliasse, meditando un 15
delitto. Lucia lo vide, e rabbrividì ; scese con l'occhio
giù giù per la china, fino al suo paesello, guardò fisso
all'estremità, scoprì la sua casetta, scoprì la chioma
folta del fico che sopravanzava il muro del cortile,
scoprì la finestra della sua camera ; e, seduta, com' 20
era, nel fondo della barca, posò il braccio sulla
sponda, posò sul braccio la fronte, come per dormire,
e pianse segretamente.

Addio, monti sorgenti dall'acque, ed elevati al cielo;
cime inuguali, note a chi è cresciuto tra voi, e im- 25
presse nella sua mente, non meno che lo sia l'aspetto
de' suoi più familiari ; torrenti, de' quali distingue lo
scroscio, come il suono delle voci domestiche ; ville
sparse e biancheggianti sul pendìo, come branchi di
pecore pascenti ; addio ! Quanto è tristo il passo di 30
chi, cresciuto tra voi, se ne allontana ! Alla fantasia
di quello stesso che se ne parte volontariamente,
tratto dalla speranza di fare altrove fortuna, si disabbelliscono, in quel momento, i sogni della ricchezza;
egli si maraviglia d'essersi potuto risolvere, e tor- 35
nerebbe allora indietro, se non pensasse che, un giorno,

tornerà dovizioso.   Quanto più s'avanza nel piano,
il suo occhio si ritira, disgustato e stanco, da quell'
ampiezza uniforme: l'aria gli par gravosa e morta;
s'inoltra mesto e disattento nelle città tumultuose;
5 le case aggiunte a case, le strade che sboccano nelle
strade, pare che gli levino il respiro; e davanti agli
edifizi ammirati dallo straniero, pensa, con desiderio
inquieto, al campicello del suo paese, alla casuccia a
cui ha già messi gli occhi addosso, da gran tempo, e
10 che comprerà, tornando ricco a' suoi monti.

Ma chi non aveva mai spinto al di là di quelli
neppure un desiderio fuggitivo, chi aveva composti
in essi tutti i disegni dell'avvenire, e n'è sbalzato
lontano, da una forza perversa! Chi, staccato a un
15 tempo dalle più care abitudini, e disturbato nelle
più care speranze, lascia que'monti, per avviarsi in
traccia di sconosciuti che non ha mai desiderato di
conoscere, e non può con l'immaginazione arrivare
a un momento stabilito per il ritorno! Addio, casa
20 natía, dove, sedendo, con un pensiero occulto, s'im-
parò a distinguere dal rumore de'passi comuni il
rumore d'un passo aspettato con un misterioso
timore. Addio, casa ancora straniera, casa sogguar-
data tante volte alla sfuggita, passando, e non senza
25 rossore; nella quale la mente si figurava un soggiorno
tranquillo e perpetuo di sposa. Addio, chiesa, dove
l'animo tornò tante volte sereno, cantando le lodi
del Signore; dov'era promesso, preparato un rito;
dove il sospiro segreto del cuore doveva essere solen-
30 nemente benedetto, e l'amore venir comandato, e
chiamarsi santo; addio! Chi dava a voi tanta giocondità è per tutto; e non turba mai la gioia de'suoi
figli, se non per prepararne loro una più certa e più
grande.

NOTES

Page 1.

1. *che volge a mezzogiorno,* which bends towards the south.
2. *tutto a seni . . .,* abounding with creeks and bays.
3. *a seconda di,* owing to.
4. *di quelli,* of those (mountains).
   vien=viene. Obs. the frequent omission of the final vowel.
7. *par che renda,* seems to render. Obs. the subjunctive mood after the verb *parere.*
9. *e segni,* and (seems) to mark.
10. *ripigliar(e),* to resume.
14. *appoggiata a,* at the foot of ; lit. leaning against.
15. *il Resegone,* the Big Saw.
18. *purchè,* provided that.
19. *non lo discerna,* may not distinguish it. Obs. the subjunctive after *non è chi,* as in French after *il n'y a personne qui.*
24. *in erte e in ispianate,* in slopes and terraces. Obs. the *i* prefixed to the substantive *spianate* for the sake of euphony. This *i* is prefixed to all words (not proper names) beginning with *s* impure, whenever they are preceded by *in, con, per* and *non.*

Page 2.

3. *sparse di,* interspersed with.
4. *su,* up.
5. *dà,* gives: *da,* without the accent, is the preposition 'from.'
7. *anzi,* nay, more.
9. *s' incammina a,* is in a fair way to.
11. *anche,* moreover.
15. *diradar l' uve,* to thin out the grapes.
16. *fatiche,* labours. Nouns ending in *ca* and *ga* take *h* after *c* and *g* in the plural.

19. *ogni tanto*, now and then.

21. *non iscoprite che*, you see nothing but. Cp. p. 1, l. 24.

23. *spazia*, wanders.

24. *qualcosa*, somewhat.

25. *piglian*(o), take in.

27. *campeggia* . . ., fills the view, becomes foreshortened.

28. *dove* . . ., *dove* . . ., *dove* . . ., here . . ., there . . ., further on . . .

30. *di qua*, on this side.

31. *andirivieni*, maze.

32. *di mano in mano*, gradually.

34. *capovolti*, upside down, inverted.

di là, on the other side.

36. *pur=pure*, also.

Page 3.

1. *via via*, more and more.

8. *prima*, at first.

in vetta, at the top.

9. *sulla costa* (as if situated) upon the side (of the mountain).

10. *l' ameno*, the pleasantness. Obs. the adjective used as a substantive.

11. *vie più*, still more.

13. *bel bello*, leisurely.

18. *per segno*, as a book-marker.

27. *come a*, like unto.

32. *un sessanta*, some sixty.

Page 4.

1. *all' anche*, up to the waist (lit. hips). Cp. p. 2, l. 16.

7. *da non potersi*, impossible. The preposition *da* is often used in the sense of 'fit for.'

17. *spenzolata*, dangling.

33. *guardia traforata a lamine d' ottone*, basket-hilt of brass.

Page 5.

3. *dispiacque*, displeased. Obs. *dispiacere*, p.p. *dispiaciuto*; Pres. Ind. *dispiaccio, dispiaci, dispiace*; *dispiacciamo, dispiacete, dispiacciono*; Pret. Ind. *dispiacqui*, etc.

10. *tenendosi sempre il breviario*, still holding his breviary. Obs. the verb used reflectively with the def. article instead of actively with the possessive adjective, *i.e. si* . . . *il* instead of *il suo*.

Line

12. *per ispiar*, to watch. Cp. p. 1, l. 24.

13. *vedendoseli . . .*, seeing them coming straight towards him. N.B. The conjunctive pronouns follow the verb (and are joined to it) in the Infinitive, Gerund, Past Part., and Imperative (2 sing. and 1 and 2 plural).

17. *di no*, that there was none.

23. *dita*, fingers. The subst. *dito* may end in the plural either in *i* and be masculine, or in *a* and be feminine. Similarly: *ciglio, labbro, braccio, gomito, ginocchio, calcagno.*

26. *fin dove*, as far as.

30. *darla a gambe*, to run away.

32. *vi corse incontro*, faced it; lit. ran to meet it.

Page 6.

3. *ci siamo* = I am in for it.

6. *cosa comanda ?* what do you want?

10. *di chi coglie . . .*, of (a man) who catches an inferior in the act of committing a crime.

17. *non c' entra*, has nothing to do with the affair.

22. *non s' ha da fare*, is not to be celebrated.

28. *vedon(o)*, you see. N.B. *vedere*, to see; Pres. Ind. *vedo (veggo or veggio), vedi, vede; vediamo, vedete, vedono (or veggono)*; Pret. Ind. *vidi*, etc. Fut. *vedrò*; Imperat. *vedi, veda (or vegga)*; *vediamo*, etc.; Pres. Subj. *che io vegga*, etc.

30. *a ciarle*, by gossiping.

   lei ci metterebbe in sacco, you would impose upon us; lit. put us in a bag, take us in. Obs. *lei* used for *ella*.

31. *uomo avvertito . . .*, forewarned (is forearmed).

Page 7.

5. *che sa il viver . . .*, who is acquainted with the ways of the world.

11. *nel forte*, in the thick.

13. *per instinto*, instinctively.

14. *se mi sapesse suggerire*, if you could suggest to me.

18. *a lei tocca*, that concerns you.

21. *via*, well, now.

28. *nemmen*, not even.

34. *per iscansarli*, to avoid them. Cp. p. 1, l. 24.

H

Page 8.

6. *innanzi*, forward.

10. *ch'era costato*, which had cost. N.B. Neuter verbs generally require the auxiliary *essere* when a *state* and not an *action* is denoted.

11. *in un punto*, in a moment.

14. *capo basso*, shallow brain.

si potesse mandare in pace, could be got rid of.

15. *via*, all well and good.

vorrà, he will require. N.B. *volere*, to wish; Pres. Ind. *voglio* (or *vo'*), *vuoi*, *vuole*; *vogliamo*, *volete*, *vogliono*; Pret. def. *volli*, etc., Fut. *vorrò*, etc.

19. *perduto dietro a*, madly enamoured with.

22. *non si fanno carico*, do not trouble themselves. N.B. *fare*, to make; Pres. Ind. *fo*, *fai*, *fa*; *facciamo*, *fate*, *fanno*; Pret. def. *feci*, *facesti*, *fece*; *facemmo*, *faceste*, *fecero*; etc.

24. *figuracce*, horrid men.

proprio, exactly.

26. *prenderla*, find fault. Cp. Fr. *s'en prendre à*.

che c'entro io ? What have I to do with it?

28. *le cose a proposito*, the proper things (to say).

Page 9.

6. *togliergli*, to take from him. N.B. Verbs of depriving in Italian, as in French, take the dative of the person deprived.

7. *che far*, anything to do.

13. *qualche suo fatto*, some deed of his.

17. *con un oibò*, with a fie! for shame!

26. *se n'avvede*, perceives it. Cp. Fr. *s'en aperçoit*.

29. *le proprie*, her own (whims).

30. *da che*, since.

l'età sinodale, the middle age.

Page 10.

1. *si mosse*, moved away.

4. *non ci sarebbero . . .*, there would have been no need even of the experienced eyes.

Line

5. *per iscoprire*, to discover. Cp. p. 1, l. 24.

11. *la vuol dare ad intendere a me?* Will you make me believe that?

19. *lei=ella*, you. Obs. *lei* and *la* are often used in the nominative for *ella*, also *loro* for *elleno*. Cp. p. 6, l. 30.

22. *si faceva tanto aspettare*, was so slow in coming. Cp. Fr. *se faisait tant attendre*.

23. *prendendole*, taking from her. Cp. p. 9, l. 5.

26. *qua e là*, here and there.

27. *cosa=che cosa.*

28. *arrovesciate sui fianchi*, her arms akimbo.

32. *ne va la vita*, (my) life is at stake. Cp. Fr. *il y va de ma vie*.

Page 11.

1. *Brava! . . .*, Capital! As (for instance) when.

2. *un tasto falso*, a wrong note.

6. *per premura*, through anxiety.

10. *onde*, therefore.

13. *non fiaterebbe*, would not divulge (the secret).

15. *del mandante*, of him who had sent (the message).

22. *delle sue!* (this is) one of his (misdeeds)!

23. *soverchiatore*, bully.

29. *costei*, this (woman).

32. *io l' avrei bene*, I very likely might have; *bene*=probably.

Page 12.

1. *di polso*, powerful.

2. *fare star a dovere*, to maintain in his duty.

3. *ci gongola*, finds his pleasure therein.

5. *come qualmente*, how that.

7. *quando mi fosse . . .*, suppose I should get a musket ball in my back.

11. *guai*, woe to us. The sense is, 'It would indeed be bad for us if these dogs were to bite every time they bark.'

15. *a segno*, to such a pass.

16. *con licenza*, if you will allow me to say so.

20. *a calar le . . .*, to yield; lit. haul down the (sails or flag).

29. *altra voglia*, other concerns (to attend to).

　　che tocca a pensarci a me, that it concerns me to think about it.

Line
31. *mandi almen giù*, drink (gulp down) at least.

34. *ci vuol altro*, something else is wanted.

36. *par mio*, like me; such as I am.

Page 13.

6. *si racconta*, it is said.

10. *la mattina*, the (next) morning.

13. *consulte*, meditations.

17. *dio liberi!* God forbid!

20. *non che pensare*, far from thinking.

27. *menando per le lunghe*, putting off.

a proposito, fortunately. Cp. Fr. *à propos*, opportunely.

Page 14.

6. *alla morosa*, of his sorrowing sweetheart. N.B. *pensare*, like the French *penser*, takes the dative after it.

7. *lasciando stare*, let alone, not to mention.

10. *andarne di mezzo*, meddle with it.

19. *le si affaccia*, brings them forward before itself.

24. *ad un tempo*, at the same time.

30. *fin*, ever since.

35. *cavarne*, earn by it.

36. *di che*, the means of. Cp. Fr. *de quoi*, wherewith.

Page 15.

6. *che faceva lavorare*, which he got cultivated, *i.e.* employed labour-ers to cultivate.

11. *da quando aveva messi gli occhi*, ever since he had set eyes. N.B. Modern grammarians would write *messo*, since the direct object (*gli occhi*) follows the verb.

15. *in gran gala*, in holiday costume.

16. *del manico bello*, remarkable for its beautiful handle.

22. *che abbia*, (it may be) that he has, *i.e.* he must have.

27. *s'è fissato*, it has been fixed. N.B. The reflexive is often used for the passive form.

32. *cos'è nato?* what has happened? Obs. *cosa*=*che cosa* is treated as a masculine substantive.

Page 16.

Line

4. *nei nostri piedi*, in our shoes.

7. *levar di mezzo*, to remove.

8. *altrui*, of others. N.B. The prepositions *di* and *a* are often omitted before *altrui*.

11. *sulla corda*=on the rack.

21. *la bestia son io*, I am a fool.

26. *che ne andiam di mezzo*, who get compromised, mixed up with it.

29. *impedimenti dirimenti*, serious impediments.

34. *via*, come now.

che son pronto, for I am ready.

Page 17.

4. *l' attonito e l' adirato*, astonishment and anger. Cp. p. 3, l. 10.

5. *dico per dire*, I mean to say.

8. *non ci ho colpa*, I am not to blame in this matter.

16. *su due piedi*, offhand.

22. *Ecco !* Now then !

26. *per qualche giorno*, for a few days. Obs. *qualche* and *ogni* are only used in the singular.

30. *a buon porto*, safe, safely.

31. *un fare più manieroso*, a manner more polite. N.B. The infinitive is often used as a substantive.

33. *questo sì che è nuova !* This indeed is something new.

35. *che aspetti*, that I must wait. Obs. the subjunctive after the verb *dire*.

Page 18.

5. *non v' alterate*, do not get angry.

17. *ma ritenga bene*, but remember well.

18. *non m' appagherò*, I shall not put up with, be satisfied with ; lit. shall not pay myself off.

24. *della sua promessa*, of his betrothed.

Page 19.

2. *quel farsi quasi nuovo*, that making almost a novelty.

8. *stette in forse*, was on the point.

9. *alle strette*, in a strait.

12. *le diede una voce*, he beckoned or called out to her.

Line

13. *studiò il passo*, quickened his pace.
21. *ha impastocchiate*, has muddled. Cp. p. 15, l. 11.
32. *d' accostarsi più* . . ., to come nearer to the point.

Page 20.

4. *con un cert' atto trascurato*, with a certain air of indifference.
8. *gli si dia carico di*, that he is charged with. Obs. the Subjunctive after the expression of sorrow *mi fa male sentire*.
18. *darmi la corda*, put me to the torture.
19. *tutt' e due*, both of us.
35. *come un cencio* . . ., like a rag which is just taken out of the wash-tub.

Page 21.

4. *se la mise in tasca*, put it in his own pocket. Cp. p. 5, l. 10.
6. *tutti sanno* . . ., all men know my affairs except myself. N.B. *sapere*, to know (through the mind); p.p. *saputo*; Pres. Ind. *so, sai, sa*; *sappiamo, sapete, sanno*; Pret. def. *seppi*, etc.
14. *con voce floca*, with a fainting voice.
21. *non m'ha da premere la mia vita?* Should not my life be a matter of importance to me?

Page 22.

1. *chino sulla bocca*, close to his lips.
4. *strisciando*, lightly touching.
16. *che non' entro per nulla*, that I have nothing to do with the business. *che certamente*, for certainly.
30. *vorrei vedere che mi faceste*, I should like you to show me. Cp. Fr. *que vous me fissiez voir*.
31. *non si tratta* . . ., it is not a matter of right or wrong, but of violence done.

Page 23.

8. *quegli* = this one (Renzo).
10. *come per aiutarlo anche lui*, as if he also would help him.
28. *in frangenti così fastidiosi*, in predicaments so vexatious.
32. *da sè*, of its own accord, quite naturally.

Page 24.

4. *con la faccia tosta*, with a calm countenance.
8. *basti*, let it suffice.
13. *son servito* = I am in for it.

21. *degli offesi*, of the injured.
27. *afferrarlo per il collo*, seize him by the throat.
29. *al di dentro*, within. Cp. Fr. *au dedans*.

Page 25.

4. *si figurava allora . . .*, visions then came into his mind of his taking his musket.
11. *dare i tratti*, breathe his last, draw his last breath.
22. *con ispavento*, with terror. Cp. p. 1, l. 24.
26. *così tenuto sicuro*, which seemed so secure.
28. *come farla sua*, how (was he) to make her his (wife).
32. *soverchieria*, overbearing act.

Page 26.

2. *senza che lei se n' avvedesse*, without her being conscious of it. Obs. *lei* for *ella*. Cp. p. 10, l. 19.
3. *tanto in là*, so far.
9. *anzi*, even.
10. *dinanzi*, before it.
15. *a quel mercato*, to that assemblage.
18. *lo sposo*, the bridegroom.
22. *ve'*, mind; *ve'=vedi*, Imperative of *vedere*; *dille*, tell her; *di'*, Imperative of *dire*.
27. *si rubavano*, snatched from one another, *i.e.* wished to monopolise.
28. *le facevan forza . . .*, compelled her to exhibit herself.
34. *sottile dirizzatura*, narrow parting.

Page 27.

1. *all' intorno*, all around.
5. *separate*, separate (from the bodice).
6. *filaticcio di seta*, spun-silk.
8. *a ricami*, embroidered.
14. *di quand' in quando*, from time to time.
16. *si cacciò*, made her way.
24. *a monte*, at an end; lit. all up hill.
39. *fino a questo segno ?* has it come to this (point)?

Page 28.

14. *non si fa nulla,* nothing can be done.

30. *un cruccio pur diverso,* an ill-feeling though different.

31. *e una tal cosa,* and so important a thing.

Page 29.

6. *parla ! parlate !* speak ! Obs. the second person singular used by the mother in addressing Lucia, while Renzo addresses her in the second person plural, which is less familiar.

12. *indietro da,* behind.

26. *andando incontro a,* eager to know; lit. going to meet.

Page 30.

9. *tanto che,* until.

10. *sul principiare,* at the very beginning.

22. *proseguì,* continued she.

24. *che feci la sfacciata,* that I set aside modesty. Cp. French '*je fis l'effrontée.*'

36. *d' improvviso,* all at once.

Page 31.

5. *c'è anche . . .,* the Lord is still on the side of the poor.

18. *dopo qualche momento,* after some moments. N.B. *Qualche* is always singular. Cp. p. 17, l. 26.

21. *non è brutto quanto . . .,* is not so black as he is painted. Obs. in comparisons of equality *quanto* may be used alone, *i. e.* without *tanto* before the adjective.

22. *paion,* seem. From *parere,* to appear. Pres. Ind. *paio, pari, pare, paiamo, parete, paiono;* Pret. def. *parvi,* etc.

24. *alle volte,* at times.

27. *Azzecca-garbugli,* Fire-brand; lit. seek-quarrels.

32. *una voglia di lampone,* a raspberry mark.

35. *una cima d' uomo,* a tip-top man.

Page 32.

1. *dove batter la testa,* what to do.

2. *a quattr' occhi,* in private consultation with.

5. *tirare il collo,* to twist the neck, kill.

Line
10. *a pensarci . . . ,* were we to ponder over them for a whole year.
35. *domandare di,* to inquire after.

Page 33.

1. *suggezione,* timidity.
10. *capitò,* (the doctor) appeared.
30. *fece animo,* encouraged.

Page 34.

4. *lei m' ha da scusare,* you must excuse me. N.B. *lei=ella.* Cp. p. 26, l. 2.
20. *aggrottando le ciglia,* frowning. Obs. *il ciglio* makes *le ciglia* in the plural. Cp. p. 5, l. 23.
22. *Eh via!* get away!
26. *discorsi in aria,* silly talk. Cp. Fr. *des propos en l'air.*
29. *le giuro,* I swear to you.

Page 35.

1. *ve l' ebbe cacciato,* had pushed him thither. Obs. *vi* changed into *ve* before *lo (l').*
10. *che pareva volesse dire . . . ,* which seemed to signify: you must have made a fine mess of it. Obs. the subjunctive after *parere.* Cp. p. 1, l. 7.
30. *gliene=loro ne,* to them of it.
31. *nel mentre,* while.

Page 36.

2. *Deo gratias,* a Latin salutation used by priests and monks.
5. *cercatore,* begging or mendicant friar.
19. *sbirciando,* timidly observing.
28. *le son* for *elleno sono,* this is (all I have).
31. *ho dovuto picchiare,* I have had to knock. Cp. Fr. *j'ai dû frapper.*
34. *allargar la mano,* deal liberally.

Page 37.

1. *sapete di,* are you aware of.
9. *dabbene=da bene,* upright. Cp. Fr. *un homme de bien.*

Line

12. *scalzar . . .*, clear away the soil from the foot of the tree to expose the roots.

24. *a bizzeffe*, in profusion.

27. *a ricevere*, to receive (in heaven).

32. *se ne fece nuovo affatto*, treated it as something entirely new to him.

Page 38.

16. *la torna a distribuire*, distributes it.

Page 39.

2. *di quel che*, than.

6. *nessun si pensi*, let no one think.

7. *di dozzina*, of the common order ; lit. of such as can be got by the dozen.

10. *nulla*, nothing. Obs. *nulla* is treated as a masculine substantive.

16. *per tutto*, everywhere.

21. *alle mani*, fighting. Cp. Fr. *aux mains*.

29. *da vicino*, closely, completely.

Page 40.

11. *in questa*, at this moment ; *ora* is here understood.

13. *vicenda*, vicissitude.

20. *non doveva aver saputo far . . .*, could not have managed the business properly.

36. *che si son riferite*, which have been related.

Page 41.

13. *quel che si dica*, what he is (lit. may be) saying.

31. *sui tralci . . .*, on the vine twigs still trailed.

Page 42.

2. *spiccava bruna . . .*, appeared brown and distinct among the patches of stubble wan and shining with the dew.

16. *come chi arrischia . . .*, as a man who risks what he greatly needs.

33. *dovette . . .*, he could not help noticing.

Page 43.

3. *alla meglio*, as well as she could ; lit. at (her) best.

15. *non vi perdete d'animo*, do not lose courage.

32. *ci vuol tempo*, that requires time.

e intanto ? and meanwhile (what will happen) ?

Page 44.

1. *tirar dalla mia*, draw on my side (*parte* understood), *i.e.* interest in my behalf.

3. *fa l'amico*, poses as a friend.

5. *a ricoverarsi da noi*, to claim our protection.

6. *solo in ballo*, alone at the ball, *i.e.* left to fight alone.

mi buscherei anche dell' . . ., I would, moreover, be deemed a busy-body, a bungler, a firebrand.

21. *non sapeva*, could not. Obs. *sapere* used for *potere*, as in French *savoir* for *pouvoir*.

Page 45.

3. *non rivangare*, do not recall. Obs. in a negative sentence the Inf. is used for the Imperative (second person singular).

6. *per quel poco che posso*, little as I can do for you.

23. *in tempo*, in good time.

28. *a metter fuori l' unghie*, by using his claws.

33. *quando pure*, even if (the weak gains anything by using his claws, *i.e.* by returning evil for evil).

35. *omicciatolo, fraticello*, weak creature, humble friar.

Page 46.

18. *provarsi*, endeavour. Obs. the pronoun *si*, ' for himself,' used for the sake of emphasis.

21. *onde*, with which ; corresponding to the French *dont*.

22. *più in su*, beyond.

24. *appiè*, at the foot of.

28. *chiarito*, enlightened.

Page 47.

3. *alla rinfusa*, at random.

7. *chi nulla* . . ., at the least provocation.

Line

12. *un non so che di*, something. Cp. Fr. *un je ne sais quoi de.*

14. *una viuzza a chiocciola*, a winding path or lane.

18. *davan*, looked. Cp. Fr. *donnaient sur la route.*

36. *non si fanno aspettare*, are not slow in coming.

Page 48.

2. *buon' aria*, safety.

3. *la sarebbe...*, things would have turned out badly for me.

6. *le strida*, the uproar. Obs. *lo strido*, makes *le strida* in the plural.

14. *per l' appunto*, exactly.

23. *a vicenda*, in turn, *i.e.* each tried to get the upper hand.

31. *accortosi*, having noticed (for himself).

35. *n' avrebbe fatto di meno*, would gladly have dispensed with his visit.

36. *l' avrebbe mandato a spasso*, he would readily have sent him away ;
a spasso = Fr. *se promener.*

Page 49.

8. *In che posso ubbidirla ?* What can I do for you ?

9 *Il suono...*, such were the words uttered.

11. *bada a chi sei davanti*, remember in whose presence you are.

16. *le ave marie* = the beads of the rosary.

20. *del bisogno*, than were wanted.

21. *i fatti suoi*, his business.

Page 50.

4. *tirare al peggio le sue*, to provoke him into using worse words.

16. *non s' ostini*, do not persist. Cp. Fr. *ne vous obstinez pas à refuser.*

20. *lassù*, in heaven ; lit. up yonder.

35. *quaggiù*, down here, *i.e.* here below.

Page 51.

1. *con istizza*, angrily. Cp. p. 1, l. 24.

6. *da più di quel che sono*, (you do me) too much honour.

11. *che le usa...*, who shows you a sign of his mercy in sending you,
etc.

23. *ma non più di lei*, but not more than you yourself (interest me).

27. *non mi dica di no*, do not refuse; lit. do not say no to me. Obs. the prep. *di* used in such cases, *di no*, *di si*.

Page 52.

24. *le sta sopra sospesa*, hangs over it.

26. *e suggezione*, and (will have) fear of, will be intimidated by.

31. *Faraone*, Pharaoh.

Page 53.

6. *escimi di tra piedi*, get out from before me. N.B. *uscire* or *escire*, to go out; Past part. *uscito*; Pres. Ind. *eseo, esci, esce*; *usciamo, uscite, escono*; Imperative, *esci, esca*; *usciamo, uscite, escano*.

9. *di strapazzo e di villania*, of insult and contempt.

20. *tu tratti da par tuo*, you speak like your equals.

24. *e la vedremo*, and we shall see about this; *la=la cosa*.

Page 54.

1. *riconobbe*, recognised; from *riconoscere*.

5. *tutt' un' altra cosa*, quite another kind of man.

6. *la famiglia*, the servants.

12. *del cerimoniale*, of the etiquette.

15. *non che*=much less.

20. *a toccargli quel tasto*, to give him the key-note.

25. *riuscivano*, they were; lit. contrived to be.

Page 55.

3. *vedrò di venir*, I shall see about coming, *i.e.* I shall endeavour to come.

5. *per aria*, in the wind, *i.e.* something brewing.

7. *mi tocca*=I am pained.

17. *non mi nomini*, do not mention my name to any one.

19. *che rispondeva*, which looked into.

Page 56.

2. *sottosopra*, bewildered; lit. upside down.
per, on account of.

Line

4. *esibizione*, appearance, apparition.

14. *studiò di più*, he hastened all the more.

22. *rimasti*, left behind; p.p. of *rimanere*.

24. *di lei*=of Lucia, *i.e.* so as not to behold her so downcast.

25. *non sapendo*, not being able. Cp. p. 44, l. 23.

26. *all' aspo*, to the spinning-wheel.

Page 57.

7. *tutto il mondo e paese* = we shall find a home everywhere.

8. *sul bergamasco*, on the territory of Bergamo.

12. *gli è . . .*, it is . . . ; but what is the use?

16. *n' è=non è.*

23. *a saperla fare*, if one knows how to set about it.

31. *si va dal curato*, one goes to the priest.

Page 58.

5. *state a vedere*, surely you do not imagine; 'you are going to see' (said ironically).

9. *prender uno*, to marry some one; *marito* understood.

15. *in capo a tre giorni*, at the end of three days.

24. *proprio*, actually.

32. *pensa se non gli . . .*, just consider whether it did not, *i.e.* of course it did come into his mind.

34. *a un tratto*, at once.

36. *che non istà*, that is not. N.B. *stare*, to be in health, to dwell, to stay, is occasionally used in the sense of 'to be.'

Page 59.

4. *gli è piaciuto*, (as) it has pleased them. Obs. *gli* used for *loro* (to them), as also *loro* for *eglino*.

11. *ti vorrei forse dare* (do you think) perchance that I would give you.

17. *l' è chiara che . . .*, it is so manifest that any one can understand it; *l'*=*la cosa*.

29. *da due giorni . . .*, for the last two days he has kept himself shut up at home. Obs. the construction with the present tense (since two days *he keeps*), as in French after *depuis*.

30. *star lì*, keep quiet; lit. stand there.

35. *il verso*, the means, the way.

Page 60.

5. *tiriamo avanti*, let us proceed.

11. *a cose fatte* = when it is all over.

13. *da*, after the manner of, *i.e.* like.

24. *ne aveva immaginata una*, had devised a method.   Obs. When the substantive is not expressed the numeral or adverb of quantity is preceded by *ne*, as in French by *en*.

26. *addirittura*, straight.

Page 61.

2. *accanto al babbo*, near their papa.

4. *che venisse il momento*, till the moment should come.

11. *che le doveva sopravvivere*, which must remain unsatisfied (after the meal) ; lit. which must survive it.

16. *volete restar servito ?* = will you join us ? lit. remain at this meal as if *served up* for you.

20. *alzatosi a tavola*, just risen from table, *i.e.* who had just done dinner.

30. *non istette . . .* , did not stay discussing.   Cp. p. 2, l. 21.

Page 62.

8. *tu mi guasti . . .* , you spoil the favour (you have done me).

9. *mi vieni fuori*, do you bring to my memory.

23. *m' avrebbe a restituir . . .* , he would have to give back to me my wife's gold necklace, which I might barter for food.

28. *di' su*, tell me at once.

31. *fa bisogno . . .* , is there any need of asking me to be discreet.

Page 63.

7. *birba chi manca*, a knave is he who breaks his word.

13. *a stare allegro*, to enjoy himself.

Page 64.

26. *le toccherò una corda*, I shall touch a tender string in her heart.

36. *a furia*, with an abundance.

Page 65.

2. *non c' era verso*, it was impossible.

6. *Quello lassù*, God above.

8. *meglio che non sappiamo,* better than we can. Obs. *non* after the comparative, as in French, *mieux que nous ne le pourrions faire.*

21. *sopra pensiero,* pensive.

di corsa . . . , retreating, but not running away.

29. *sebbene,* although.

Page 66.

8. *andati a voto,* come to nothing.

35. *non chieder più in là,* do not ask anything more. Cp. p. 45, l. 3.

Page 67.

11. *e ce n' ha promesso tanto,* and he has promised us so much. Cp. p. 60, l. 24.

14 *quassù,* down here.

19. *si fa buio,* it is getting dark.

32. *se non c' è altro,* if that 's all.

35. *la finirò io,* I shall settle the business.

Page 68.

22. *è ormai tempo,* it is high time.

24. *sa come sta,* he knows how he is situated.

33. *che avesse . . . ,* who had been guilty of murder.

Page 69.

12. *questa! sì questa egli vuole,* this maiden, yes, he wants this maiden.

21. *verrò dal curato,* I shall go to the priest ; *venire,* to go ; p.p. *venuto* ; Pres. Ind. *vengo, vieni, viene* ; *veniamo, venite, vengono* ; Pret. Def. *venni,* etc. ; Fut. *verrò* ; Imperat. *venga.*

22. *tornate quello di prima,* be yourself again ; lit. turn back to your former self.

34. *oh via!* well then !

Page 70.

2. *Dio non voglia,* God forbid.

9. *parte a parte,* minutely ; lit. bit by bit.

16. *si lasciò veder,* appeared. Cp. Fr. *se laissa voir.*

24. *di far meglio che saprebbe,* to do her best.

31. *uscirne a bene,* come safely out of it.

32. *accudire all' affare,* attend to the business.

Page 71.

2. *sveglio la sua parte*, wide awake (in what concerned him).

17. *non ti sviare*, do not stray away. Cp. p. 45, l. 3.

72. *per fare a rimbalzello* (first rate) at playing ducks and drakes on the water.

Page 72.

6. *da spione*, like a spy.

7. *ripose*, put into his pocket.

8. *si trattenne*, he conversed.

18. *che stentava a collocarsi*, which ill suited; *stentare a*, to fail to.

23. *che fossero* ..., that they were the honest travellers that they professed to be.

30. *ogni tanto* (every) now and then.

Page 73.

13. *misurava*, walked up and down in.

18. *torvo nella guardatura*, with a fierce look.

27. *a sedere*, sitting or seated.

33. *macilento*, pale.

Page 74.

2. *dalle tele*, from the canvas, *i.e.* from their portraits.

8. *che chiamava onore*, what he called his honour.

25. *segno di marina torbida*, a sign of stormy weather (in store).

27. *fatto ala*, having saluted.

28. *del solito*, than usual, than was his wont.

31. *facevano scappellate*, took off their hats.

34. *per istare al di sopra*, to surpass.

Page 75.

20. *un fare di malizia*, an air of malice. Cp. p. 17, l. 31.

33. *per me*, for my part. Cp. Fr. *pour moi*.

Page 76.

1. *che si piglino*, that may be caught. Obs. the reflexive form instead of the passive. Cp. p. 15, l. 27.

I

Line

5. *mezzo sogghignando*, half pleased and half angry.
16. *si destò ...*, rose from sleep quite his old self.
22. *e il canzonare*, and the jesting.
29. *tutto suo*, devoted to him.
31. *uno*, one man.

Page 77.

5. *ne veniva ingrandita*, was increased thereby.
10. *si sia ritirato da un comando*, has refused to comply with an order.
31. *pochi anni sono*, a few years ago.
34. *e me ne rido*, and I care nothing for them. Cp. Fr. *je m'en moque.*
   villani, peasants.

Page 78.

4. *a proporre* (began) to propose.
20. *vi desse nell' unghie*, came into your clutches; *dessi* is the Imperf.
   Subj. of *dare.*
32. *levarne a occhio la pianta*, to take a plan of the house at sight.

Page 79.

2. *assegnò le parti*, assigned to each man his part.
10. *che venne in chiaro di*, that he saw clearly into.
12. *essa era già poco lontana*, the night was already approaching.
17. *in fretta in fretta*, in great hurry. Obs. the reduplication for the
   sake of emphasis.
22. *una bussola*, a litter, a stretcher.
23. *a sera inoltrata*, when night would be more advanced.
31. *nell' agguato*, on the watch. Cp. Fr. *aux aguets.*

Page 80.

5. *quel tale*=the bravo.
11. *messo storto*, placed on one side.
13. *propriamente*, properly (speaking).
16. *fu lì per entrare*, was about to enter.
21. *fatevi in là*, allow me; lit. move out of the way.
27. *alla mora*, at the game of mora. This is a favourite game among
   common people in Italy. Two play at it; they simultaneously
   open out some fingers of one hand, and alternately call out a

Line

number. To score a point the number of fingers opened out on both sides must equal the number called out. There are ten points to the game.

31. *ditacci*, big ugly fingers.

Page 81.

19. *fin le nostre donne*, even our women are not inquisitive.
20. *si starebbe freschi*, we should have a lively time of it.
21. *è sempre un porto di mare*, our house is always like a seaport town.

Page 82.

5. *che n' abbia pochi*, that he has little money (*denari*). Cp. p. 60, l. 24.
13. *si conosce all' azioni*, is known by his deeds.
15. *metton su lite*, pick up a quarrel.
16. *una coltellata . . .*, to stab any one.
30. *non vedeva l' ora di*, was impatient to.
33. *di punto in bianco*, point blank, indiscreetly.

Page 83.

5. *uscir di cervello*, lose (their) heads.
20. *spianate le costole*, given him a sound thrashing; lit. flattened the seams of his coat for him.
27. *andar a pollaio*, go to roost.

Page 84.

2. *e più delle parole*, and louder than the words.
24. *dà indietro*, recoils, draws back.
26. *al picchiare sommesso*, at the light knock at the door.

Page 85.

10. *lo scempiato di*, the simpleton of (a fellow).
23. *debituccio*, little debt.
33. *per me*, as for me, for my part.

Page 86.

2. *si staccò dai promessi*, left the betrothed.
3. *è un momento . . .*, this is the critical moment, it is like having a tooth extracted.

Line
9. *Carneade*, Carneades, a Greek philosopher, born about 213 B.C.
15. *è un nome di quelli*, it is the name of one of those writers.
30. *e fin qui*, and up to this point.

Page 87.

7. *se non lo piglia al volo*, if you do not seize him on the wing.
19. *di più*, longer.
22. *che vengo anch' io*, I shall follow you; lit. I am coming also.
31. *metter male*, to do mischief.

Page 88.

4. *accostate l' uscio*, close the door.
21. *neppur per uno*, only as much as one person would make.
28. *a un per volta*, one at a time.

Page 89.

8. *goffamente*, awkwardly, clumsily.
14. *vi siete condotto dietro*, have you brought with you.
18. *di quelle col . . .*, of those which bear the impression of St. Ambrose on horseback.
19. *levandosi*, taking out of his pocket.
34. *si contenti . . .*, be kind enough to give me a written receipt.
36. *le sanno tutte*, these fellows are up to everything.

Page 90.

7. *dalla vita alla morte*, from life to death (there is but a step), *i.e.* we never know what may happen to us.
11. *di mano in mano . . .*, as he went on writing.

Page 91.

4. *ghermito . . .*, having seized with the right hand the table-cover.
7. *polverino*, sand-box. Fine sand was used formerly instead of blotting-paper.
14. *anche con quella*, with this hand also.
21. *abbozzata in creta*, roughly formed with clay.
29. *come se facesse . . .*, as if playing at blind-man's-buff.
33. *carpone*, on all-fours.

Page 92.

Line
3. *strepitava*, made an uproar.
6. *alla fin de' fatti*, practically.
14. *si diede a gridare*, began crying out.
24. *riscosso*, roused; p.p. from *riscuotere*.
26. *con gli occhi tra' peli*, with half-closed eyes.
31. *mezzo tra'l sonno*, half-asleep.
32. *su due piedi*, at once.
33. *più aiuto . . .*, more help than was asked of him.

Page 93.

1. *dà di piglio*, seizes hold of his nether garments.
3. *balzelloni*, with leaps, skipping.
6. *suona a martello*, rings the alarm-bell.
8. *sul fenile*, in the hayloft.
17. *all' ordine*, ready.
25. *d' aver fatto tardi*, of being late.
32. *diviato*, at once.

Page 94.

1. *al primo*, at the head, as leader.
17. *sconficca*, picks the lock of.
27. *st* = silence.
   quei del fico, those concealed under the fig-tree.
29. *cava fuori . . .*, he takes out tinder, a flint and steel, and matches.

Page 95.

2. *dicitore*, speaker.
3. *da quella parte*, from that country, *i.e.* Bergamo.
9. *si fa spiraglio*, he opens a way for himself.
14. *addosso*, rushes to it.
16. *si stringe nelle spalle*, he shrugs his shoulders.
23. *a buon conto*, for good reasons, very properly.

Page 96

2. *a un punto*, immediately.
10. *tempesta di rintocchi in fila*, a tempest of sounds all following each
   other.

17. *via*, is off at full speed.

24. *a mostrare il viso*, to face (danger).

27. *ci volle*, there was need of.

28. *tanto che fosse . . .*, so far that it should be a retreat and not a flight.

32. *in ischiera* (back) in the herd.   Cp. p. 1, l. 24.

34. *acciuffa*, seizes by the forelock.

Page 97.

3. *in pronto*, in readiness.

6. *ce ne daranno*, will beat us ; lit. will give us some (blows).

19. *non c' era che ridire*, there was nothing to oppose to this.

23. *andati a monte*, all failures.

24. *ogni tanto*, every now and then.

Page 98.

1. *è stata proprio grossa*, it was really a great mistake.

6. *cantonata*, corner.

25. *e di galoppo*, and began running.

26. *alzati i calcagni*, lifted their heels, *i.e.* taken a few steps.

Page 99.

11. *com' è andata ?* how have things gone on ?

17. *per di qua*, this way.

18. *sei tu che ?* is it you who ?

27. *il più in sè*, the more collected.

Page 100.

3. *dentro . . .*, they went through it and away into the fields.

11. *cacciò dentro un*, shouted through it the words.

36. *dovette . . . venir*, was obliged to come.

Page 101.

17. *che stentava a*, who was hardly able to.

18. *stava costui di casa*, this one lived.

34. *uno che corra,* let some one run.

36. *chi . . . . chi,* one . . . . another.

e se la batte, and escapes.

Page 102.

4. *addosso!* (run) after them!

23. *a man salva,* with impunity.

36. *fatti, però . . .,* there was, however, nothing more done.

Page 103.

6. *sulla ragion composta,* on the planning.

16. *caso che,* in case that.

17. *per quanto aveva cara . . .,* if he cared for the hope of dying of malady; *i.e.* if he did not wish to die a violent death.

19. *di buon trotto,* at a good pace.

Page 104.

9. *più di quel che,* more than.

26. *avuto dal frate,* that he had received from the friar.

Page 105.

3. *pudore,* bashfulness.

13. *la sospinse bel bello,* pushed it smartly.

21. *socchiusa,* half-shut, *i.e.* on the latch.

27. *adagio adagio,* very gently. Cp. p. 79, l. 17.

Page 106.

1. *omnia munda mundis* (Lat.), 'To the pure all things are pure.'

3. *dimenticanza,* oversight.

15. *sospesi,* irresolute.

19. *dal piccol messo,* by the young messenger.

36. *per il vostro meglio,* for your good.

Page 107.

6. *cercate di,* go to; lit. look for.

7. *fate chiamare,* send for. Cp. Fr. *faites appeler.*

Line

13. *ti farà da padre,* will be a father to you.
14. *per fin che . . . ,* until you are able to return here.
18. *chi,* whoever.
25. *concetto di santo,* reputation of being a saint.
30. *levandosi . . . . la sua,* taking her own (key out of her pocket).

Page 108.

6. *quel poveretto,* that unfortunate man.
11. *diventano,* they become. *Diventare* is regular, but *divenire* is irregular.
21. *senza di esse,* without these (words).
24. *sagrestia,* vestry.
30. *se ne staccò,* pushed off.

Page 109.

25. *note a chi . . . ,* familiar to him who has been bred among you.
33. *si disabbelliscono,* lose their beauty.

Page 110.

8. *a cui ha . . . ,* on which he turned his back a long while ago.
11. *ma chi non aveva . . . ,* but (what a moment for one) who had never given a passing thought to what was beyond those mountains.
31. *chi dava,* he who gave you.
32. *è per tutto,* is present everywhere.

VOCABULARY

Abate, m. abbot
abbaiare, to bark
abbastanza, enough
abbattersi, to meet with
abbattimento, m. dejection
abboccamento, m. conversation
abbominato, detested
abbozzato, rudely fashioned
abbracciare, to embrace
abbreviare, to abridge
abile, clever
abito, m. coat, dress
abituale, customary
abituro, m. habitation, dwelling
accadere, to happen
accanto (a), near
accartocciarsi, to curl up
accattabrighe, m. busy-body
accattare, to beg, obtain
accennare, to hint, mention
acchetare, to appease
acchiappare, to catch
acciarino, m. steel
accigliato, frowning
acciuffare, to seize by the hair
accoglienza, f. reception, welcome
accogliere, to welcome
accoglimento, m. reception
accomodare, to compose, seat
accompagnare, to accompany
accoramento, m. sadness
accorato, afflicted
accordo (d'—), in concert
accorgersi, to perceive
accortamente, cleverly
accorto, wise, cunning

accostare, to draw near, approach
accudire, to apply one's-self
accusa, f. accusation
acqua, f. water
acquietare, to calm, quiet
adagino, slowly
addensare, to thicken, gather
addentare, to bite
addirittura, straight
additare, to point
addobbare, to adorn
addocchiare, to look at
addormentare, to lull to sleep
addosso (a), on, upon, within
adolescenza, f. youth
adombrare, to shade, make gloomy
affacciarsi, to show oneself
affacendersi, to be busy with
affannarsi, to strive, fret
affannato, troubled
affare, m. affair, business; quality, condition
affaticato, fatigued
afferrare, to seize, grasp
affezionato, tender, affectionate
affezione, f. kindness
affondare, to sink
affrettare, to hasten, quicken
affrontare, to attack
agevole, easy
aggiungere, to add
aggranchiato, benumbed
aggrinzare, to wrinkle
aggrottare le ciglia, to frown
agguato, m. ambush

agiato, wealthy
agnello, m. lamb
aguazzare, to sharpen
aia, f. farm-yard
aiutare, to help, assist
aizzare, to provoke
albero, m. tree
alieno, averse
alito, m. breath
allacciare, to lace up, bind
allargare, to widen, enlarge
allegare, to allege
allegato, allied, confederate
allegazione, f. allegation
alleggerire, to lighten
allegro, cheerful
allentato, slackened, loose
alloggiare, to lodge
allontanare, to remove, send away
allora, then
allungato, extended
alquanto, some, a few, somewhat
altare, m. altar
alterarsi, to get angry
alto, high, loud
altrimento, otherwise
altro, other, anything else
altrove, elsewhere
altrui, others
altura, f. high ground
alzare, to raise
amare, to love
amarevolezza, f. friendliness
amaro, bitter
ameno, pleasant
amico, m. friend
ammalato, sick
ammansare, to tame
ammazzare, to murder
ammucchiare, to heap up
ampiezza, f. amplitude
ampio, ample, wide
anca, f. hip
anche, also, moreover
ancora, yet, again
andare, to go; —*a voto*, to fail

andito, m. passage, entrance
angolo, m. angle, corner
angoscia, f. distress
angoscioso, harassing
angosto, narrow
anima, f. soul
animo, m. mind; *far*—, to encourage
annata, f. year; crop
anno, m. year
annoiare, to vex
annunziare, to announce
ansare, to pant
ansietà, f. anxiety
ansioso, anxious
antenato, m. ancestor
antico, ancient
anzi, even, nay more
aperto, open
apparato, m. pomp
apparecchiare, to prepare
apparere, to appear
appassito, withered
appena, hardly
appiattarsi, to lurk, hide, squat
appiè, at the foot
applicare, to apply, fit
appoggiare, to lean, prop
apprensione, f. apprehension
appuntato, projecting
appunto (*per l'*—), precisely, exactly
aprire, to open
arcigno, well-built
arcivescovo, m. archbishop
ardere, to burn
ardire, to dare, be bold
ardito, bold
argento, m. silver
argomentare, to argue, think
argomento, m. argument
aria, f. air
armadio, m. press, cupboard
arnese, m. garment
arrenato, reined in, stopped
arrendersi, to surrender, yield

arricciato, curled up
arringa, f. harangue, speech
arrischiare, to risk
arrivare, to arrive
arrossire, to blush
arrovellare, to irritate
arrovesciato, turned down
articolare, to pronounce
artigianello, m. young artisan
artiglio, m. claw
artista, m. artist
asciugare, to dry, wipe
asciuto, thin
ascoltare, to listen
asino, m. ass
aspa; f. spinning-wheel
aspettare, to expect
aspetto, m. aspect
assai, very
assalto, m. assault
assaporare, to taste
assediare, to besiege
assestato, with a home of his own, settled
assottigliare, to train
attaccare, to add; to begin
atteggiarsi, to assume a tone, gesticulate
attendere, to attend, be careful
attento, attentive
atterrire, to intimidate
attillato, gaily attired
atto, m. act
attonito, astonished
attortigliare, to twist
attraversare, to cross
augurare, to wish
aurola, f. halo, glory
autrice, f. authoress
autunno, m. autumn
avanti, forward; come in
avanzi, m. pl. remains
avoltoio, m. vulture
avvedersi, to perceive
avvenire, to happen; m. future
avventuriere, m. adventurer

avvertire, to warn
avvezzo, accustomed
avviarsi, to advance, set out
avviso, m. warning, admonitior
avvocato, m. advocate
avvolgere, to twist, bind
azzurro, blue, azure

Bacchiare, to beat down
baciare, to kiss
bada (tenere a—), to keep quiet
badare, to take care
baffo, m. whisker
bagatella, f. trifle
baggianata, f. nonsense
balordo, bewildered
balza, f. rock
balzare, to leap
balzellare, to skip
bambino, m. child
banchetto, m. banquet
banco, m. bench, bank
bandolo, m. end of thread, way
barattare, to exchange
barba, f. beard
barbottare, to mutter
baroccio, m. carriage
basso, low
basta, enough
bastantemente, sufficiently
battaglia, f. battle
battello, m. boat
battente, m. wing of a door.
battere, to beat, wave
battersela, to struggle
batticuore, heart-beating, pulse
bazzicare, to frequent, visit
beccare, to peck
bei=belli
bel bello, leisurely
bellezza, f. beauty
bello, beautiful
bene, well
benedetto, blessed
benone, very well
bensì, of course, certainly

bere, to drink
berlina, f. four-wheeled carriage
berretto, m. cap
bestemmia, f. oath
bestia, f. beast
biancastro, whitish
bianco, white
bicchiere, m. glass
bicoca, f. mountain keep
bieco, wicked
bigio, grey
bigiognolo, greyish
bilanciare, to weigh, consider
bimbo, m. little child
birbone, m. villain
bisaccia, f. bag, wallet
bisbiglio, rumour, whisper
bisognare, to need
bisognato, needed
bisticciare, to dispute
bizzeffe (a—), in abundance
bocca, f. mouth.
boccone, m. mouthful
borchia, f. knob, nail, bolt
bordone, m. club, staff
borgo, village, town
bosco, m. wood
bottone, m. bead
bracche, f. pl. breaches
bracciale, m. bracelet
braccio, m. arm
bracciuoli (a—), with arms
branchio, m. flock
braveria, f. swagger
bravo, m. ruffian.
brevemente, shortly
breviario, m. prayer-book
bricconeria, f. knavery.
brigata, f. troop, company
brio, m. noise
brivido, m. quaking
broccato, m. brocade
brontolare, to mutter
brontolio, m. grumbling
bruciare, to burn
bruciore, m. youthful fire

brulicare, to stir
brulichio, m. buzzing
bruno, brown
brusco, sour
brutto, terrible, upset
bucato, m. wash-tub
buco, m. gap
bugiardo, false, lying ; m. liar
bugigattolo, m. small hole
buio, m. darkness
burbero, savage, crabbed
burla, f. jest
burrasca, f. storm
buscarsi, to go in search, get
bussare, to knock
busto, m. bust, bodice.
buttare, to throw, kick, utter
   forth

*C*accia, f. chase
cacciare, to send, slip ; *—un urlo,*
   to cry out
cacciarsi, to push one's way,
   thrust one's-self
cadere, to fall
cagione, f. cause, reason
cagniolino, m. spaniel
calamaio, m. inkstand
calare, to arrive, descend
calcagno, m. heel
calpestio, m. noise
calza, f. stocking
calzoni, m. pl. breeches
cambiare, to change
camera, f. room
cameriera, f. chamber-maid
camminare, to travel, walk
cammino, m. road, way
campana, f. bell
campanile, m. belfrey
campo, m. field ; *mettere in—,* to
   set on foot
cane, m. dog
canna (in—), in the body
cansonaccia, f. horrid song
cantan, to sing

canto, m. song; side, corner
cantonata, f. corner
cantuccio, m. corner
canzonare, to jest
capace, able, capable
capacitato, convinced
capanna, f. cabin, hut
capello, m. hair
capere, to take
capezzale, m. pillow
capire, to understand
capitano, m. captain
capitare, to enter, arrive
cappa, f. cloak, cape
cappello, m. hat
cappone, m. capon
caramente, cordially
carestia, f. scarcity
cariatide, f. caryatid, statue serving as a door-post
carico, m. burden; *dar—*, to accuse; *farsi—*, to trouble one's-self
carità, f. charity
caro, dear
carpone, on all fours
casa, f. house
casaccia, big ugly house
casale, m. hamlet
casato, m. surname
cascare, to hang, fall
casetta, f. cottage
casipola, f. hut
caso, m. occurrence; *far—*, to pay attention, make much (of)
cassetta, f. box, drawer
castello, m. castle
catena, f. chain
cattivo, bad, captive
cautela, f. caution
cavadenti, m. dentist
cavalcioni (a—), astride
cavare, to take out
cavolo, m. cabbage
celibe, single, unmarried
cena, f. supper

cencio, m. rag
ceneri, f. pl. ashes, cinders
cenno, m. sign
cerca, f. quest
cercare, to seek
cerco, coil, circle
ceremoniale, m. etiquette
ceremonie (far—), to stand upon ceremony
certamente, certainly
certo, certain
cervello, m. brain
cessare, to cease
che, when; *non—*, except
chè=perchè, for
chermisi, crimson
chetare, to calm
cheto, quiet
chiacchiera, f. babble, talk
chiamare, to call
chiappare, to catch
chiarito, enlightened
chiaro, clear
chiarore, m. brightness
chiave, f. key
chiedere, to ask, call
chiesa, f. church
chinare, to bend
chino, close
chioma, f. tree-top
chiomato, leafy, long-haired
chiudere, to shut
ciarla, f. chat
ciarlare, to gossip
ciarlone, m. great talker
cibo, m. food
cicalio, m. idle talk
cielo, m. sky, heaven
cifra, f. monogram
cignere, to gird, surround
cima, f. top, summit
cinto, surrounded
cintola, f. girdle
cintura, f. belt
cioè, that is
ciottolo, m. pebble, flint

circostante, surrounding
città, f. town
ciuffo, m. fore-lock
cocca, f. notch, corner
cocuzzolo, m. peak; crown (of a hat)
coda, f. tail, corner
codice, m. code, law
cogliere, to gather, seize
cognato, m. brother-in-law
cognome, m. surname
colazione, f. meal, food
collana, f. necklace
collare, m. collar
collera, f. rage, anger
collo, m. neck
colloquio, m. conversation
colmare, to fill up
coltello, m. knife
colpa, f. blame, fault
comandante, m. commander
comandare, to command
comando, m. order
comare, f. gossip, god-mother
come, like, as
cominciare, to begin
commensale, m. guest
commosso, agitated
commoversi, to be agitated
comodare, to lend
compagnone, m. companion
comparare, to compare
comparire, to appear
compatire, to pity, commiserate
compete, m. rival
compiacenza, f. affection, satisfaction
compiere, to finish, perfect
comporre, to compose, arrange
comprare, to buy
compunzione, f. compunction
comune, common
concedere, to grant
concepire, to conceive
concertato, arranged
concerto, m. plan

conchiglia, f. shell
concludere, to conclude
concorrente, m. competitor
condescendenza, f. favour
condizione, f, condition
condurre, to lead
confetti, m. pl. comfits
confidare, to entrust
confine, m. confine, border
confluente, m. confluent
conformità, f. conformity
congegnare, to arrange
congettura, f. conjecture
conoscere, to know
consegnare, to consign, commit
consigliare, to advise
consigliere, m. counsellor
consiglio, m. counsel
consolante, comforting
console, m. consul
consulta, f. consultation
consunto, consumed
contadino, m. peasant
conte, m. count
contegno, m. air, aspect
contegnoso, grave, reserved
contemplare, to contemplate
contiguo, contiguous
continuo, constant
conto, m. account, explanation
contornare, to go round
contornarsi, to shape one's-self
contorno, m. neighbourhood
contraddire, to contradict
contrappesare, to counterbalance, weigh
contrapposto, m. contrast
contrassegno, m. appellation
contrastare, to resist, contend
contristare, to grieve
cooperatore, m. fellow-worker
coperto, encased in
copertura, f. cover
coprire, to cover
coraggio, m. courage
corazzia, f. cuirass

corda, f. rope; *tendere sulla—,* to keep on the rack

cordone, m. string

cornice, f. frame

corno, m. horn, flask

coro, m. choir

corpo, m. body

correre, to run

corrigere, to correct

corsa (di—), running

corserella, f. little walk

corso, m. course, career

cortile, m. court

corto, short

cosciale, m. cuissart (armour for the thigh)

coscienza, f. conscience

cos'è, that is

così, thus, so

cospetto (al cui—), in whose presence

costare, to cost

costei, this woman

costiera, f. shore

costrutto, result

costuma, f. habit

covile, m. den

credere, to believe, think

crescere, to grow

creta, f. clay

crocchio, m. group, company

cruccio, m. anger

cucina, f. kitchen

cugino, m. cousin

cuoio, m. leather

cuore, m. heart

cura, f. care; vicarage

curarsi, to trouble one's-self

curato, m. vicar, priest

curvo, crooked, bent

custodire, to guard

*D*a, by, at the house of, fit to

da chè, since

danaro, m. money

dare, to give

davanti, forwards, in front

davvero, truly

debito, m. debt

debituccio, m. small debt

debolezza, f. weakness

debolmente, feebly

decadenza, f. decay

decidere, to decide

decifrare, to decipher

degnarsi, to deign, vouchsafe

degnazione, f. condescension, kindness

degradare, to diminish

deliberazione, f. discussion, consideration

delitto, m. crime

dente, m. tooth

dentro (di), within, internally

desinare, to sup

destarsi, to rise, awake

destrezza, f. dexterity

di, of; than; some

diavoleria, f. devilry, devilish expression

diavolo, m. devil

dibattere, to toss

dicitore, m. speaker

difendere, to defend

difesa, f. defence

difetto, m. defect

difettuccio, m. fault

digrignare, to grin, gnash

dilettante, amateur

diligentemente, diligently

dimenare, to stir

dimenticare, to forget

di modo chè, so that

dinanzi, in front

dipendere, to depend

dipingere, to display

diradare, to thin out

dire, to say

dirimente, annulling

dirimpetto, in front

diritto, straight; m. right

dirizzatura, f. parting (of the hair)

diroccato, in ruins
disabbellersi, to lose one's beauty
disabitato, uninhabited
disattento, heedless
discendere, to descend
discernere, to discern
discorrere, to court
discorso, m. talk
discosto, distant
disegno, m. plan
disgrazia, f. misfortune
disingannare, to undeceive
disparire, to disappear
disparte (in—), aside
dispettoso, spiteful
disporre, to arrange
disprezzare, to despise
distendersi, to spread
distesa, f. stretch
disteso, stretched
ditaccio, m. big finger
dito, m. finger
divenire, to become
diventare, to become
diverso, different
divezzare, to disaccustom, drive
    away
diviato, quickly
dividere, to separate
divozione, f. prayer
dolce, sweet, agreeable
dolorosamente, sorrowfully
doloroso, painful
domandare, to ask, demand
domani, to-morrow
domattina, f. to-morrow morning
domenica, f. Sunday
domestico, homely
dominare, to command, rule
donde, whence; by which
donna, f. lady, woman
dono, m. gift
dopo, after
dormire, to sleep
dotto, learned
dove, where; *fin—*, as far as

dovizioso, wealthy
dubbio, m. doubt
dunque, then
durante, during

*E*ccezione, f. exception
ecco, lo, here is, behold
effetto, m. effect
Ehm ! Hem !
elemosina, f. almsgiving
elevare, to raise, lift
elogio, m. praise
empiere, to fill, fulfil
enfasi, f. emphasis
entrambi, both
entrare, to enter
epulone, m. gourmand
erba, f. herb
erboso, grassy
ereditario, hereditary
erta, f. declivity ; *all'—*, on the
    alert
esacerbato, exasperated
esame, m. examination ; swarm
esca, f. tinder ; food
esclamare, to exclaim
eseguire, to execute
esercitare, to exercise
esibizione, f. exhibition
esitare, to hesitate
esito, m. exit ; termination
esordio, m. beginning
esperienza, f. experience
esperto, experienced
estate, f. summer
esteso, extensive

*F*abbrica, f. building
faccenda, f. thing, affair
facciuola, f. sheet of paper
facile, easy
facilitare, to facilitate
falda, f. side, slope
fallare, to err
falso, false
fama, f. fame, renown

fame, f. hunger
famiglia, f. family, servants
famigliare, intimate, friendly
fandonia, f. lie, nonsense
fango, m. mud
fantasia, f. fancy, imagination
fantasticaggine, f. whim
fantasticare, to fancy, devise
fare, to do
fastidioso, vexatious
fatica, f. fatigue ; *a—,* with diffi-
    culty
fatto, m. fact
febbre, f. fever
febbrone, m. high fever
fede, f. faith
fedele, faithful
fenile, m. hay-loft
feritoia, f. loop-hole
fermarsi, to stop
fermatina, f. stoppage
fermo, firm, stopped, moored
feroce, fierce ; malefactor
fesso, tired
festa, f. feast
flaccare, to break, shatter
fiamma, f. flame
fianco, m. side, flank
fiaschetto, m. small flask
flatere, to breathe (a word)
ficcarsi, to thrust one's-self
fico, m. fig-tree
fidarsi, to trust
fidato, trusty
fiducia, f. trust, confidence
fiera, f. wild beast
fiero, savage
figliuolo, m. dear son
figura, f. form
figuraccia, f. horrid person
figurare, to seem
filagrana, f. filigree-work
filanda, f. silk-factory
filatoio, m. silk-mill
filaticcio di seta, spun silk
filatore, m. weaver

filo, m. thread
finalmente, finally
finestra, f. window
fingere, to feign
finire, to finish
fino a, as far as
finzione, f. fiction
fiore, m. flower
flotto, m. wave, flood
fischiare, to whistle, hiss
fissare, to fix
fisso, fixedly
fitto, numerous ; m. rent
fiume, m. river
floscio, flabby
fo=faccio, from *fare*
foce, f. gullet, mouth
focolare, m. hearth
fodera, f. lining
foggia (a—), in the form
foglia, f. leaf
folla, f. crowd
folto, leafy
fondo, m. end, bottom
forbire, to polish
forca, f. pitch-fork
forchetta, f. fork
formola, f. formula
fornello, m. small stove
forse, perhaps ; *stare in—,* to be
    on the point ; hesitate
forte, strong, loud ; *nel—,* in the
    midst
fortezza, f. fortress
forza, f. force
forzare, to compel
fra=frate
fra, through
frangente, m. predicament
frase, f. phrase
frastornare, to disturb
frastuono, m. noise
frate, m. friar
freddo, cold
fremere, to rage
freno, m. bridle, bit, check

K

fretta, f. hurry

fronte, f. brow, forehead; *di—*, in front

frugare, to search

frutto, m. fruit

fuga, f. flight

fuggiasco, fugitive

fuggire, to flee

fumo, m. smoke

fuoco, m. fire

fuorchè, except

fuori (*di*), except; *al di—*, outside

furberia, f. knavery

furfante, m. rascal

furia, f. haste, ardour

Gagliardo, strong, robust

galantuomo, m. honest man

gamba, f. leg; *darla a gambe*, to run away

gambiere, f. pl. greaves

garzoncello, m. boy

gatto, m. cat

gelosamente, jealously

gelso, m. mulberry-tree

gemito, m. groan, lament

genere, m. kind, species

gengiva, f. gum

gente, f. people

gentiluomo, m. gentleman

gettare, to cast, throw

ghermire, to seize, snatch

ghiaia, f. gravel

già, now, already

giacchè, since

giacere, to lie

ginocchio, m. knee

giocondità, f. joy, gladness

giogaia, f. ridge

giogo, m. mountain top, yoke

gioia, f. joy

giornata, f. day, battle

giorno, m. day

giovale, jovial

giovane, *giovine*, young person

giovanetto, m. youth

giovanile, youthful

giovare, to help, assist

girare, to turn, prowl

giro, m. turn

giù, down; *all in—*, hanging down

giudizio, m. judgment

giugnere, to arrive

giuramento, m. oath, swearing

giurare, to swear

giureconsulto, m. jurisconsult, lawyer

giustificarsi, to justify one's-self

giustizia, f. justice

giusto, just

gli=egli, loro

gocciolo, m. drop

godere, to rejoice

godersela, to enjoy one's-self

goffamente, awkwardly, clumsily

golfo, m. gulf, bay

gomitata, f. nudge

gomito, m. elbow

gonfio, swollen

gonfo, full

gongolare, to leap for joy

gonnetta, f. skirt

gorgoglio, m. gurgling

gozzovigliare, to revel

gradevolmente, willingly

gradito, agreeable

granaio, m. granary

grandine, f. hail

granata, f. garnet

grano, m. grain

gravido, solemn

gravoso, heavy

grembiule, m. apron

gremito, loaded

grida, f. prescription

gridare, to cry out

grido, m. shriek, cry

grigio, grey

grifagni (*occhi*), rapacious (eyes)

grillo, m. whim

grondante, dripping

grondare, to drop
grosso, large, thick
grossolano, coarse
gruppetto, m. cluster
gruppo, m. group
guadagnare, to gain
guadagno, m. gain
guai, alas ; woes
guancia, f. cheek
guanto, m. glove
guardare, to look ; guard
guardingo, circumspect
guarnigione, f. garrison
guarnire, to garrison
guazza, f. dew
guerriero, m. warrior
guidare, to guide, lead
guisa (a—), like

Idea, f. idea
ieri, yesterday
ilarità, f. cheerfulness
illetterato, ignorant
illuminare, to light up
imbacuccare, to cover with a hood
imbasciata, f. message
imboccatura, f. mouth of a sack
imbrogliare, to confuse, entangle
imbroglio, m. confusion
imbrunirsi, to grow dusk
immaginazione, f. fancy
immagine, f. image
impadronirsi, to seize
impannata, f. window-frame
imparare, to learn
impastocchiare, to muddle
impegnarsi, to pledge
impegno, m. engagement, design
impero, m. command
impicciarsi, to get embarrassed, involved
impiccio, m. difficulty
impresa, f. undertaking
improvviso (d'—), unexpectedly
incalzante, pressing

incalzare, to pursue
incamminarsi, to be on the way
incantato, enchanted
incerata (tela), oil cloth, water-proof
incertezza, f. uncertainty
incerto, uncertain
inciampo, m. obstruction
inchino, m. bow
inchiodare, to nail, fasten
incontro, towards, against ; m. encounter
increspato, furrowed, wrinkled
incrociato, crossed
incudine, f. anvil
indarno, meanwhile
indice, m. forefinger
indietro, behind, gone by ; *all'*-backwards
individuo, individual
indizio, m. sign, mark
indomane, morrow
indosso a, on the back of
indovinare, to guess
indugiare, to delay, hinder
indurre, to induce
inespugnabile, unshakable
infastidire, to tire, fatigue
infausto, unlucky
inferno, m. hell
inferriata, f. iron grating
infervorato, enthusiast
infimo, humblest
infocato, flushed
informato, aware
ingegnarsi, to set about
ingegno, m. talent
ingenioso, ingenious, witty
inghiottire, to swallow
inginocchiarsi, to kneel
ingombrare, to encumber
ingrandire, to increase
ingrossare, to swell
iniquo, wicked
innamorarsi, to fall in love
innanzi, before, forwards

inoltrarsi, to penetrate
inquieto, uneasy, restless
insegnare, to instruct, teach
inseguire, to pursue
insidia, f. deceit
insieme, together, at once
insomma, finally, in short
intanto, meanwhile, at the same time
intendere, to understand, hear
interessato, interested
interiezione, f. interjection
internarsi, to penetrate, yield
interno (a), about, concerning
intero, whole, entire
interrompere, to interrupt
interrotto, broken off
intesa (sull'—), on the watch
intonare, to sing
intorno (all'—), around
intraprendere, to undertake
intrigarsi, to be perplexed
intrigato, intricate
inuguale, uneven, unequal
invano, in vain
invecchiato, grown old
inverno, m. winter
involto, enveloped
inzaccherare, to besmear
ipsilon, (letter) y
ira, f. anger
iracondo, irascible
istinto, extinct
istruzione, f. instruction
ivi, there

La=ella, also=*la cosa*
là, there ; *di—*, on the other side
lacero, torn, tattered
lagnarsi, to complain
lago, m. lake
laico, lay (brother)
lamento, m. wailing
lampada, f. lamp
lampante, clear, evident
lampeggiare, to shine, blaze

lampo, m. flash
lanciare, to hurl
lanciarsi, to rush
lanterna, f. lantern
largo, broad, wide; *prendere al —*, to launch out
lasciare, to leave, abandon
lavare, to wash
lavorante, m. labourer
lavoro, m. labour
legare, to bind, tie
legato, constrained
legge, f. law
leggere, to read
leggiero, frivolous, light
leggio, m. reading-desk
legno, m. wood
lei=ella
lembo, m. edge
lento, slow
lesto, nimble
letteratone, m. great scholar
letto, m. bed ; p. p. of *leggere*
lettore, m. reader
levare, to take off, remove
libro, m. book
licenziare, to dismiss
lido, shore
lieto, delighted, joyful
lineamenti, m. pl. features
liscio, subtle, smooth
litigante, litigant, party to a suit
lodare, to praise
lode, f. praise
luccicare, to shine
luce, f. light
lucido, bright
lucente, shining
lucerna, f. lamp
lucignolo, m. wick
lucroso, lucrative
lugubre, sad, mournful
lume, m. light, candle
luna, f. moon
lunario, m. calendar
lungo, long

luogo, m. place
lupo, m. wolf
lusinga, f. hope

Ma, but
macilento, lean, meagre
magnifico, splendid
magro, thin, poor
mai, ever, never
malagevole, difficult
malanno, m. misfortune
male, ill; m. harm
maledire, to curse
maledizione, f. curse
malincuore (a—), grudgingly
manata, f. slap, blow with the hand
mancare, to fail, want
mancia, f. drink-money, gift
mancina, f. left-hand
mandare, to send; —in pace, to send away
mandra, f. herd
mangiare, to eat
manica, f. sleeve
manico, m. handle
maniera, f. manner
maniglia, f. knob
mano, f. hand; di—in—, gradually
manoscritto, m. manuscript
mansueto, meek
maraviglia, f. wonder
mare, m. sea
marina torbida, angry sea
maritare, to marry
martellare, to knock, hammer
martello, m. hammer, knocker; suonare a—, to ring the alarm bell
mascalzone, m. villain
maschio, manly; male
masnadiere, m. brigand
massaio, thrifty
massima, f. maxim
masso, m. rock

mastino, m. mastiff
matassa, f. skein of silk
materie, f. pl. matters
matrimonio, m. marriage
matterello, m. wooden spoon
mattina, m. morning
mattone, m. brick
mazetto, m. bouquet
medicina, f. medicine
medio, half, middle
membro, m. member
menare, to lead
mendico, m. beggar
mentalmente, mentally
mente, f. mind
mento, m. chin
mentre, whilst
mero, mere, pure
mese, m. month
mescere, to pour out
messere, sir
mestiere, m. trade, profession
mestizia, f. sadness
mesto, sad
metà, f. half; limit, boundary
mettere, to put
mezzo, half; m. means; levar di—, to remove; andar di—, to get compromised
mezzogiorno, m. midday; south
miglio, m. mile; pl. miglia
millanteria, f. boast, vaunting
minaccia; f. threat
minaccioso, threatening
mira, f. aim
misericordia, f. pity
misterioso, mysterious
misto, mixed
misurare, to measure
modesto, cautious
modo, m. manner
moglie, f. wife
mole, f. heap, quantity
mollemente, softly, gently
moltiplici, numerous
momentaneamente, for a moment

monaco, m. monk
mondo, m. world
moneta, f. coin
montagna, f. mountain
monte, m. hill, *a—*, all up
mordere, to bite
morire, to die
mosca, f. fly; *a cieca —*, blind-
man's buff
mossa, f. movement
mosso, induced, p.p. of *muovere*
mostrare, to show
moto, m. movement
mucchio, m. heap
muovere, to move
muricciolo, m. parapet
muro, m. wall
muso, m. snout
mustacchio, m. moustache
mutabile, changeable
mutare, to change

Nappa, f. tassel
nascere, to be born
nascosto, hidden
naso, m. nose
nastro, m. ribbon
natio, native
nè, neither, nor
negozio, m. business
negro, black
nemico, enemy
nemmeno, not even
neppure, not even
nerborato, strong
nessuno, no one
netto, clean, neat
nibbio, m. kite
niente, nothing
no (di—), no
noce, m. walnut tree; f. walnut
nome, m. name
nominare, to name
notte, f. night
notturno, nocturnal
novamente, anew, again

novità, f. novelty
nozze, f. pl. nuptials, wedding
nulla, nothing; *di—*, worthless
nulladimeno, nevertheless
numero, m. number
nuova, f. news
nuovo, new; *di—*, again

Obbliquo, oblique, indirect
occasione, f. occasion
occhiali, m. pl. spectacles
occhiata, f. glance
occhio, m. eye; *dare d' —*, to wink
occorrente, m. occurrence
occorrere, to occur
offeso, injured
offrire, to offer
oggi, to-day
ogni, every; *—tanto*, now and
then
ognuno, every one
ohimè! alas!
olio, m. oil
oltre (di), besides
ombra, f. shade, shadow
omero, m. shoulder
omicciattolo, m. poor little man
omicidio, m. homicide
onde, whence; so that, therefore
ondeggiare, to wave
onesto, honest
opera, f. help
operaio, m. workman
opporre, to oppose
ora, now; f. hour; at one time,
at another; *non vedere l'ora*,
to be impatient
oratore, m. orator
or bene, well then
ordinare, to arrange
ordinario, ordinary
orecchio, m. ear
orizzonte, m. horizon
orlo, m. handle
ormai, now
ornare, to adorn

oro, m. gold
orrore, m. horror
orsù, well now
orticello, m. small garden
orto, m. garden
osare, to dare
oscuro, dark, obscure
ospite, m. visitor, guest
ossatura, f. formation
ossequio, m. homage, respect
osso, m. bone; pl. *ossa*
ostacolo, m. obstacle
ostante (non—), notwithstanding
oste, m. host, landlord
osterìa, f. inn
ottenere, to obtain
ottimo, best
ozio, m. leisure, rest
oziosamente, indolently, idly

*P*acatezza, f. calmness, tranquillity
pace, f. peace
pacifico, peaceful
padre, m. father
padrone, m. master
paese, m. country; village
paesello, m. small village
paga, f. pay
pagare, to pay
paglia, f. straw
paiolo, m. pan
paion, from *parere*
paletto, m. bolt
palma, f. palm (of the hand)
palpare, to touch, feel
panca, f. board
panchetta, f. stool
papa, m. pope
papalina, f. cap
paragone, m. comparison
parere, to appear, seem; m. advice
parete, f. wall
pari (al—di), like
parocchiale, parochial

parola, f. word
parolaccia, f. coarse speech
parte, f. part, portion, bit
partenza, f. departure
particolare, particular
partito, m. line of conduct; offer of marriage
pascere, to feed, graze
pascolo, m. pasture
passare, to pass
passeggiare, to traverse
passeggiata, f. walk
passeggiero, m. passer by, passenger
passo, m. step; plight
pasticci, m. pl. details, plans
pastocchia, f. nonsense
peccare, to sin
pecora, f. sheep
pedata, f. footstep
peggio, worse
pegno, m. sign, pledge
pelato, bald
pelle, f. skin
pellegrino, m. pilgrim
pelo, m. hair; kith and kin
pena, f. punishment
penare, to toil, suffer
pendìo, m. slope
penna, f. feather, plume
pennuto, with feathers on
penoso, painful, laborious
pensiero, m. thought
pentirsi, to repent
penzoloni, hanging down
per, by, through
perciò, therefore
perdere, to lose
perdizione, f. ruin
pericolo, m. danger
pero, m. pear-tree
però, however
perorare, to make an oration
personaggio, m. person
persuadere, to persuade
pervertimento, m. wickedness

pesante, heavy
pescatore, m. fisherman
pesce, m. fish
peso, m. weight
pettegolezzi, m. pl. chatter
petto, m. breast
pettoruto, puffed up
pezzente, m. beggar
pezzo, m. bit, portion·
pianelle, f. pl. slippers
pianerottolo, m. landing
piangere, to weep
piano, level; m. floor
pianta, f. plant
piantare, to plant
pianto, m. weeping
piatto, m. dish
piazza, f. square
picchietto, m. gentle knock
picchio, m. knock
piccolo, small
piè, m. foot; *in piedi*, standing; *su due piedi*, at once
piega, f. fold, plait
piegare, to bend
pietosamente, compassionately
pietra, f. stone, flint
pigliare, to take
piglio (*dar di—*), to seize, snatch
pila, f. pile, pillar
pistola, f. pistol
più, more
piuttosto, rather
poco, little
poco fa, a short time ago
poderetto, m. small farm
podestà, m. magistrate
poggio, m. hill
poi, afterwards, then
polenta, f. porridge
politica, f. policy
politico, evasive, guarded
pollaio, m. hen-roost
polvere, f. powder, dust
polveroso, dusty
pomo, m. hilt

pompa, f. pomp
ponte, m. bridge
popolo, m. people
poppa, f. poop, stern
porco, m. swine
porpora, f. purple
portamento, m. deportment
portare, to carry
portarsi, to behave
poscia, then, after
positura, f. position
possedere, to possess
potente, m. tyrant; noble
potenza, f. power
povero, poor
pranzo, m. dinner
predica, f. sermon
prediletto, preferred
pregare, to pray
preghiera, f. prayer
premio, m. reward
premura, f. desire, earnestness
premuroso, urgent
prendere, to take, undertake
prepotente, all-powerful, tyrant
presentarsi, to present one's-self
prestito, m. loan
presto, quick
prete, m. priest
pretesto, m. pretext
prevalere, to prevail
prima, at first
primavera, f. spring
principe, m. prince
principiare, to begin
privo, deprived
procurare, to contrive
proda, f. bank, edge
prodessa, f. prowess, bravery
proferire, to utter
profeta, m. prophet
profondamente, deeply
proibire, to forbid
prolungare, to prolong, extend
promessa, f. promise
promesso, betrothed

pronto, ready; *in—*, in readiness
proposito (a—), suitable, proper
proposta, f. proposition
proprio, one's own
prorumpere, to burst fortn
proseguire, to pursue
prosopopea, f. type
prospetto, m. prospect
protecto, protected
protesta, m. protest, excuse
prova, f. proof, probation
provare, to prove, test
provocare, to provoke
provvisto, provided
pugnale, m. dagger
pugno, m. fist; *lasciar andar un—*, to give a blow
pulcino, m. chicken
punta, f. point
puntare, to dawn
punto, m. moment; *non—*, not at all
purchè, provided that
pure, still
purgatorio, purgatory
puro, pure

Quà, here; *di—*, this side
quadrato, m. square
qualche, some
qualcheduno, some one
quando, when; *da—*, since; *di —in—*, from time to time
quantunque, although
quasi, as if, like
questione, f. discussion
quiete, f. repose
quindi, therefore
quivi, out there
quotidiano, daily, of every day

Rabbia, f. rage
rabbioso, furious
rabbrividire, to shudder
raccapezzare, to recover
raccapriccio, m. horror, dread

raccogliere, to gather
raccolta, f. crop
raccomodare, to rearrange
raccontare, to tell, relate
raccozzare, to reassemble
raddolcersi, to abate
radice, f. root
rado, seldom, rare
radunare, to assemble
raffigurare, to recognize
ragazzaccio, m. foolish youth
ragazzo, m. boy
raggio, m. ray
raggiugnere, to rejoin
ragione, f. reason, explanation
ragionevole, reasonable
rallentarsi, to go slower
rammentarsi, to remember
ramo, m. branch; arm
randello, club
rannuvolare, to grow cloudy
rapido, rapid, swift
rapitore, m. robber
rappresentare, to represent
rasentare, to pass close
rasente (al muro), close (to the wall)
raso, shaven
rassegnarsi, to resign one's-self
rassicurare, to reassure
rastrello, m. rake
rattristare, to sadden
ravviare, to set again on the right way
ravvolgersi, to roam, ramble
ravvolto, m. bundle
razza, f. race
realtà, f. reality
recitare, to recite
reggere, to last, stand
reggia, f. palace
regno, m. kingdom, reign
regola, f. rule
regolare, regular; to regulate
reintrare, to enter again
remare, to row

remo, m. oar
rendere, to render, produce
reo, guilty
reso, rendered
respingere, to repel
respiro, m. breathing time
restare, to remain, stay
resto, m. residue, rest
rete, f. net
reticella, f. small net
retta, f. heed
retto, honest
riattare, to restore
ribaldería, f. crime
ribaldo, wicked
ricami (a—), embroidered
ricapitulare, to recapitulate
ricciolo, m. curl
ricco, rich
ricerca, f. search
richiamare, to call back
richiedere, to require
richiudere, to shut again
ricordo, m. remembrance
ricorrere, to have recourse; run again
ricoverarsi, to take refuge
ricoverato, rescued
rifinito, wasted away
rifiutare, to reject, refuse
riflettere, to reflect
riguardo, m. regard, compunction
rilevare, to raise
rilevato, clear
rimando, m. remand, sending back
rimboccatura, f. top of sheet
rimbombare, to re-echo
rimedio, m. remedy
rimettere, to replace
rimorso, m. remorse
rimprovero, m. reproof
rinchiuso, m. enclosure
rincivilito, complete, thorough
rincominciare, to recommence

rincorarsi, to take heart again
rincorsa, f. running back
ringraziamento, m. thank
rinnendersi, to unite again
rintanato, shut up
rintocchio, m. ringing
ripensare, to revolve again in one's mind
ripido, steep
ripiego, m. remedy
ripieno, full
ripigliare, to recover, resume
riporre, to replace
riprendere, to resume
risa, pl. of *riso*, laughter
riscaldato, excited
rischiarare, to clear up
rischiare, to risk
rischio, m. risk, danger
riscuotere, to receive (money); shudder
riscuotersi, to recover, rouse one's-self
risentito, conscious
risoluto, resolute
risparmiare, to spare
risparmio (con—), sparingly
rispondere, to answer; open into
risposa, f. answer, reply
ristringersi, to shrink
risvegliarsi, to awake
ritenere, to retain, hold back
ritirarsi, to withdraw
rito, m. rite, ceremony
ritratto, m. portrait
ritto, upright, standing
rituffarsi, to plunge again
riunirsi, to assemble
riuscire, to succeed; be
riuscita, f. issue
riva, f. shore, bank
rivangare, to repeat, reiterate
rivenire, to return, come back
riverente, revered (father), reverential
riverire, to revere, salute

rivolgere, to revolve
rivoltarsi, to turn over
rizzare, to raise
rompere, to break
rompicello, m. scoundrel
ronzare, to buzz
ronzio, m. buzzing
roso, gnawed
rosseggiare, to redden
rosso, red
rossore, m. blushing
rotto, p. p. of rompere
rovesciare, to overthrow
rubare, to rob
ruminare, to meditate
rupe, f. rock
russare, to snore, snort

Sabato, sabbato, m. Saturday
sacco, m. bag
sacro, sacred
sacrosanto, holy
sagrare, to curse
sagrestano, m. sacristan
saio, m. monk's dress, robe, doublet
sala, f. hall
saldare, to settle, fasten
saldo, firm, sound, intact
salire, to ascend, mount
salmo, m. psalm
salotto, m. room
saltare, to leap
saltellare, to skip
saltelloni, bounding
salvamento, m. safety
salvo, safe
sandalo, m. sandal
sangue, m. blood
sanno, from sapere
sanrocchino, m. coat, cape (worn by priests)
santino, m. sacred image
santo, sacred
sapere, to know
saraceno (gran—), buck-wheat

sassoso, stony
sbadiglio, m. yawning
sbagliare, to err, make a mistake
sbaglio, m. mistake, error
sbalordito, dismayed
sbalzare, to cast away
sbandonarsi, to disband
sbattuto, dejected, troubled
sbieco, slanting
sbigottire, to frighten
sbirciare, to look (with half shut eyes)
sboccare, to emerge, open out
sbocco, m. mouth (of a river)
sbrigare, to despatch
sbrigarsi, to hasten
scabroso, rugged, rough
scaffale, m. book-shelves
scala, f. stair-case
scalare, to escalade
scalcinatura, f. notch, pealing off of plaster
scalino, m. stair, step
scampanio, m. ringing, chiming
scandolo, m. infamy
scansare, to avoid, shun
scantonare, to sneak away
scapestrato, m. scoundrel; dissolute
scapitare, to lose
scappare, to escape
scappata, f. escapade, trick
scaricarsi, to unburden one's-self
scarno, emaciated
scarso, rare, poor, stingy
scegliere, to choose
scemare, to decrease
scempiato, m. simpleton
scena, f. scene, play
scendere, to descend
scesa, f. slope, descent
schermire, to defend
schernire, to laugh at, ridicule
scherzarsi, to jest
scherzo, m. jest, sport
schiamazzo, m. noise, uproar

schiarimento, m. explanation, clearing up
schiena, f. back
schietto, frank
schiodare, to unnail
schioppettata, f. musket-ball, musket-shot
schioppo, m. musket
schiribizzo, m. fancy, whim
schivare, to escape
sciagura, f. misfortune
sciame, m. swarm, crowd
sciocco, silly, tasteless
sciogliere, to solve, loosen
scoccare, to burst forth
scodellare, to ladle out, serve up
scommessa, f. bet
scommettere, to bet, wager
scomodare, to inconvenience
scomparire, to disappear, set (of the sun)
scomporre, to discompose, injure
sconcertato, disconcerted
sconficcare, to break open, unhinge
scongiuro, m. threat
sconnesso, disjoined, separated
sconosciuto, unknown, stranger
scoppio, m. outburst
scoprire, to discover
scoragito, discouraged
scorrere, to run away
scortare, to escort
scossa, f. shock, shaking
scovare, to discover
scricchiolare, to creak
scroscio, m. murmur
scudo, m. shield
scusa, f. excuse
scusare, to excuse
sdegno, m. disdain
sdegnoso, disdainful, angry
sdraiato, stretched
se, if; *se non che,* except
seccatura, f. worry
secco, dry

secolo, m. century, age
secondariamente, secondly
secondo, second; according to
secreto, v. *segreto*
sega, f. saw
segare, to saw, cut
seggiola, f. chair, seat
seggiolone, m. arm-chair
segnare, to sign, mark
segreto, m. secret
seguire, to follow
seguitare, to pursue
selvaggio, wild, savage
sembiante, like, resembling; m. countenance
sembrare, to seem; resemble
semente, f. seed
sempre, always
seno, m. bosom; creek
sentiero, m. path
sentire, to hear, feel
senza, without
separato, apart
sepelire, to bury
sera, f. evening
serbo (in—), in reserve
serpeggiamento, m. winding
serpeggiare, to meander
serra serra, f. confusion
serva, f. maid-servant
servare, to preserve, keep
servire, to serve
servizio, m. service
sesta, f. mid-day prayer
seta, f. silk
settentrione, m. north
sfacciato, brazen-faced
sfilare, to file off, depart
sforzare, to compel
sforzo, m. effort
sfratto, m. dismissal
sfuggita (alla—), stealthily
sgambetto, m. flight, running away
sgangherato, unhinged, desperate

sgarbatamente, unceremoniously
sgarbato, rude, rough
sgherro, m. cut-throat
sghignazzare, to laugh, burst out laughing
sgomentato, frightened
sgridata, f. scolding
squadrare, to scan, scrutinise
sguaiato, foolish
sguardo, m. look, glance
sì, yes, so, indeed
siccome, as
sicuro, safe, sure; certainly
siepe, f. hedge
siffatto, such
significato, m. meaning, sense
signore, m. lord
sillabe, f. syllable
simile, like
simmetria, f. symmetry
sinceramente, sincerely
singhiozzare, to sob
singolare, singular
sinistra, f. left hand
sinistro, ominous; left
sistema, m. system
smania, f. fury, madness
smarrito, strayed, lost, amazed
smentire, to belie
smuovere, to move, stir, persuade
soave, sweet
socchiuso, ajar, half-shut
soccorrere, to succour, help
soddisfare, to satisfy
soffio, m. blast, blowing
sogghignare, to smile
sogguardare, to look askance
soglia, f. threshold
sognare, to dream
sogno, m. dream
sole, m. sun
solenne, solemn
solere, to be wont
solito, accustomed
sollevare, to raise, comfort
solo, alone; only

somigliante, like, resembling
somigliare, to resemble
somma (in—), finally, in short
sommesso, subdued
sommità, f. top
sonare, to ring
sonno, m. sleep
soppiato (di—), stealthily
sopra, on, above; *—pensiero,* in deep thought
sopracciglio, m. eyebrow
sopraffatto, overcome
soprannome, m. surname
sopravvanzare, to outstrip
sopruso, m. mischief
sorprendere, to surprise
sospendere, to stop
sospensione, f. delay
sospeso, in suspense
sospetto, suspected
sospingere, to thrust
sospirare, to sigh
sospiro, m. sigh
sostenere, to sustain
sostrarre, to withdraw
sottana, f. skirt
sotterfugio, m. subterfuge
sotterraneo, underground, unearthly
sottile, subtle
sotto, under, underneath
sovente, often
soverchiare, to impose upon
soverchiatore, m. bully
soverchieria, f. tyranny
sovvenire, to succour, help
sovvenirsi, to remember
spacciarsi, to spread
spada, f. sword
spadone, m. long sword
spagnolo, spaniard, spanish
spago, m. twine
spalancare, to open wide
spalla, f. shoulder
spalliera, f. back (of a chair)
spandersi, to spread

sparare, to fire (a gun)
sparecchiare, to clear (a table)
spargere, to spill, spread
sparire, to disappear
sparpagliare, to scatter
spartire, to separate
spartito, parted
spaventare, to frighten
spavento, m. alarm
spaziare, to wander
specchio, m. mirror
specie, f. species, sort
spedito, expeditious
spedizione, f. expedition
spendere, to spend
spennacciare, to pluck
spenzolare, to hang, dangle
spettacolo, m. spectacle
spezzare, to break, split
spia, f., *spione*, m., spy
spiaggia, f. shore
spianare, to level
spianata, f. terrace, plateau
spiare, to watch
spiccare, to detach; —*un salto*, to leap
spicciarsi, to hasten
spicciolato, separate
spiegare, to unfold, explain
spiegarsi, to spread
spillo, m. pin
spingere, to press, push
spiraglio, m. passage, entrance, doorway
sporco, filthy, foul
sporgere, to stretch
sportello, m. side (of a cupboard)
sposa, f. wife, betrothed
sposo, m. husband, bridegroom
spregevole, contemptible
sprezzare, to despise
sprigionarsi, to free one's-self
sprone, m. spur
sproposito, m. rash act; *a*—, rashly
spuntare, to peep, appear

squadrare, to look at, scan
squarcio, m. rent, cut
stabile, stationary
stabilire, to settle, fix
staccare, to detach, tear away
staccarsi, to move away
stampa, f. character, stamp
stanco, weary
stanga, f. bolt, bar
stanza, f. room, apartment
stare, to stand; be
stasera, this evening
stato, m. state
stecchito, wasted, dried up
stendere, to extend, spread
stentamente, hardly, scarcely
stentato, constrained
stento (*a*—), with difficulty
sterminato, huge
stia, f, coop
stimare, to esteem
stipite, m. doorpost
stirare, to stretch, pull out
stizza, f. anger
stizzito, angry
stizzoso, irascible
stomaco, m. stomach
stoppa, f. tow
stoppia, f. stubble
storcere, to twist
storia, f. tale, story
storto, crooked
stoviglie, f. pl. plates
strada, f. street, road
stradetta, f. lane
stradicciuola, f. path
stralunato, glaring
strano, strange
strapazzo, m. ill-usage
strappare, to carry away
strascinato, dragged on
stratto (*dare lo*—*a*), to dismiss
stravolto, distorted
strega, f. witch
strepitare, to make a noise
strepito, m. noise

stretta, f. pressure: *mettere alle strette*, to put on the rack
stretto, tight
strido, m. barking
strillare, to scream
stringere, to grasp, press
stringersi nelle spalle, to shrug one's shoulders
strisciare, to linger over
stroppicciare, to rub
studiare, to strive
studio, m. study, desire
stupire, to be stupefied
stuzzicare, to excite
sù, up; —*di*, upon
subito, sudden, suddenly
succhiare, to draw out
suggerire, to suggest
suggezione, f. shyness, fear
sugo, m. juice, substance
summentovato, mentioned
suol, from *solere*
suono, m. sound
superbo, proud
supplica, f. supplication, request, appeal
sussistere, to subsist
svanire, to vanish
sviarsi, to stray away
svincolarsi, to free one's-self
svogliatamente, unwillingly
svogliato, begrudged
svolgere, to unfold

Tabernacolo, m. small chapel
tacere, to be silent
tafferìa, f. wooden platter
tafferuglio, m. uproar, quarrel
tagliare, to cut
talchè, so that
tale, such; *quel*—, such a one
talvolta, at times
tanghero, clownish, rough
tanto che, until
tappeto, m. table cover
tarchiato, robust, lusty

tardì, late
tasca, f. pocket
tavola, f. table
tediare, to weary
tegame, m. cover
tela, f. cloth, linen
temerario, rash
temere, to fear
temperare, to moderate
tempo, m. time; *a*—, at the right time
temporale, m. storm
tenaglie, f. pl. pincers
tendere, to extend
tenebre, f. pl. darkness
tenere, to hold, keep
tenersi, to refrain
tentare, to try, attempt
tentennare, to shake, toss
terminare, to end
termine, m. term; limit
terrapieno, m. terrace
terreno (*piano*), ground floor
terricciola, f. small estate
terrore, m. terror
teschietto, m. crucifix
teschio, m. skull
teso, extended
testa, f. head
testimonio, m. witness
timore, m. fear
tinta, f. tint, colour
tirare, to draw along; —*in dietro*, to draw back; —*il collo*, to twist the neck
tiro, m. attempt; range
titolo, m. title
tizzone, m. brand
toccare, to concern; strike, touch
tocco, m. touch, stroke
togliere, to take away
tollerare, to tolerate
tonaca, f. monk's robe
tonfo, m. thud, noise
tono, m. tone, sound
toppa, f. key-hole

torcere, to twist
tormentoso, tormenting
tornare, to come back
torre, f. tower
torto (*aver—*), to be wrong
torvo, sternly
tossire, to cough
tosto, soon ; quick ; bold
tovaglia, f. table-cloth
tra, between, among
traccia, f. trace
tradimento, m. treachery
trafelato, out of breath, panting
tralcio, m. twig, vine branch
tramaglio, m. net, snare
tranquillamente, quietly
transazione, f. compromise
trapassato, fastened
trarre, to draw, entice
trascrire, to transcribe
trascurare, to neglect
trascurato, unconcerned, heedless
trasformazione, f. transforma-
 tion
trattare, to behave
trattarsi, to be in question
trattative, f. pl. arrangements
trattenere, to entertain, detain,
 keep
trattenuto, detained
tratto (*a un—*), at the same time
travaglio, m. trouble
travedere, to see indistinctly,
 perceive
traverso (*a—*), across
travolgere, to overturn
treccia, f. tress of hair
tremare, to tremble
tremolante, quivering
tremolare, to shake
tribolato, afflicted
tristo, sad ; troublesome
trombone, m. blunderbuss
troncare, to cut short
tronco, short

troppo, too much
trotto, m. speed, trot
trovare, to find
trovarsi, to be
tugurio, m. hovel
tumulto (*a—*), in crowds
tumultuariamente, tumultu-
 ously
turbamento, perturbation, excite-
 ment
turbare, to disturb
tutelare, guardian
tuttavia, still

Ubbia, f. bad omen
ubbidire, to obey
udienza, f. attention, hearing
ufizio, m. divine service
ugualmente, equally
ultimo, last
umanamente, kindly
umiltà, f. humility
umore, m. humour
unghia, f. nail
unico, only, single
uomo, m. man
urlare, to howl
urtare, to knock
urtone, m. loud knock, push
usare, to practise, employ, use
uscio, m. door, entrance
uscire, to go out
uscita, f. outlet

Va, from *andare*
vaccherella, f. small cow
vacchetta, f. calf-skin
vagheggiato, cherished
valere, to be worth
valle, f. valley
valloncello, m. vale
vanga, f. spade
vangile, m. spade iron
vanguarda, f. vanguard
vano, m. entrance
vantaggio, m. advantage

ve'=vedi
vecchio, old
vece (in—), instead
vedere, to see; non—l'ora, to be impatient
veduta, f. sight
veglia, f. sleeplessness
vegliare, to watch
velluto, m. velvet
vendemmia, f. vintage
vendicativo, vindictive
venire, to come
venticello, m. gentle breeze
vento, m. wind
vergine, f. maid, virgin
vergogna, f. shame
vergognare, to shame, to be ashamed
vermiglio, scarlet
versaccio, m. grimace
versetto, m. short verse
verso, towards, against; m. verse; per ogni—, in every respect
veste, f. coat
vetta, f. summit
vezzo, m. ornament
via, f. way; all right; via via, more and more
viaggiare, to travel
viandante, m. traveller
vicenda (a—), by turns
vicinato, m. neighbourhood
vicino, m. neighbour; da—, closely
vie più, much more
vigna, f. vine
vile, base

vilipendio, m. contempt
villa, f. farm
villania, f. insult
villano, m. peasant
visaccio, m. horrid face
viso (in—), in the face
vista, f. view
vivanda, f. food
voce, f. voice; dialect
vogare, to sail, row
voglia, f. desire; di mala—, unwillingly
volere, to wish
volgere, to turn
volo, m. flight; pigliar al—, to catch on the wing
volta, f. time; alle volte, at times; alla—di, towards; a un per—, one at a time
voltare, to turn
voltarsi, to turn round
voltata, f. turning
volto, m. face
votare, to empty
voto, void, empty; andare a—, to fail
vuol (ci—), there is need of

Zampa, foot; claw
zanna, f. tooth
zappa, f. hoe, spade
zibellino, m. sable
zitto, quiet; hush!
zolfanelli, m. pl. matches
zolla, f. sod
zucca, f. gourd, pumpkin; blockhead

Printed by T. and A. CONSTABLE, Printers to Her Majesty, at the Edinburgh University Press.

ITALIAN WORKS.

Silvio Pellico, *Le mie Prigioni.* Adapted for English Schools, with Notes. By Rev. A. C. CLAPIN, M.A. Cloth, 1s. 6d.

BIBLIOTECA ITALIANA.

Edited, with Notes and Vocabulary, for use in Schools and for Private Students. By Rev. A. C. CLAPIN, M.A.

Manzoni, *I Promessi Sposi.* Cloth, 2s.

Price per volume, in paper covers, 1s.

Alfieri.   *Oreste.* Tragedia in cinque atti.

Amicis.   *Gli Amici di Collegio. Una Medaglia.* Novelle.

Carcano.   *La madre e il figlio.* Novella.

Carcano.   *Memorie d'un fanciullo.—Il cappellano della Rovella.* Novelle.

Castelnuovo. *La Gamba di Giovannino. La Democrazia della Signora Cherubina. Due Ore in Ferrovia. La Pagina Eterna.* Novelle.

Goldoni.   *Il burbero benefico.* Commedia in tre atti in prosa.

Goldoni.   *Un curioso accidente.* Commedia in tre atti in prosa.

Goldoni.   *Il vero amico.* Commedia in tre atti in prosa.

Maffei.   *Merope.* Tragedia in cinque atti.

OPINIONS OF THE PRESS.

"We are glad to see this praiseworthy and highly successful attempt to provide the English-Italian student with annotated copies of some of the standard works of modern Italian literature. Such books are very much wanted, and the volumes announced by Messrs. Hachette will no

Milton Keynes UK
Ingram Content Group UK Ltd.
UKHW022218070923
428268UK00005B/85